KB103385

쟁점
한국사

전근대편

쟁점
한국사

한명기 외 **지음**

창비

역사는 하나가 아니다

　　"5·16은 쿠데타인가, 혁명인가?" 역사적으로 규명되어야 할 이 질
문은 언제부터인가 국회 인사청문회의 단골 질문이 되었다. 정권이 바
뀔 때마다 역사는 바로 세워져야 하는 것이었으며, 박근혜 정권에 이르
러서는 '역사는 오로지 하나여야 한다.'는 궤변이 등장하기에 이르렀
다. 국민 모두가 이해하는 '국정교과서'라는 말 대신 '올바른 교과서'라
는 신조어까지 등장하고, 역사학계에서 오랜 성찰과 연구를 통해 쌓아
올린 학문적 성과들이 '올바르지 않은 역사'로 매도되는 것을 그대로 지
켜볼 것인가. 『쟁점 한국사』의 기획은 바로 이 같은 문제의식을 바탕으
로 시작되었다. 역사교과서 국정화 논쟁이 한창이던 때 우리는 창비학
당 강좌를 열었다. 우리는 그 기회를 통해 역사의 의미와 가치, 역사 공
부의 중요성을 시민들에게 직접 전하고 토론하는 소중한 경험을 했다.
강좌에서는 고대부터 현대까지 24개의 주제를 뽑아 23명의 강사들이 우

리 역사의 쟁점들을 하나하나 짚어나갔다. 이 책은 당시 이루어졌던 강의와 토론 내용을 묶은 것이다.

역사는 옛날이야기이기도 하고 그렇지 않기도 하다. 옛날이야기라는 것은 한반도를 무대로 살아왔던 우리 선조들의 삶과 생각의 자취, 한반도 주변이나 다른 세계와 벌였던 문명 교류 자체가 이야기로서 재미가 있다는 뜻이다. 그렇지 않다는 것은 과거의 사실과 행적들이 오늘을 사는 우리에게 분명한 의미와 메시지를 전하며, 우리가 앞으로 나아가기 위해 필요한 지혜와 통찰을 제공한다는 의미이다. E. H. 카가 역사를 '과거와 현재의 대화'라고 정의했던 것은 이 같은 맥락에서 비롯된 것이다.

역사는 하나의 교과서로 배울 수 있는 것이 아니다. 10명의 역사가가 있다면 10개의 관점이 있을 수 있다. 10개의 관점을 가진 이들이 주어진 사실과 역사적 맥락을 조합해 그려내는 10개의 다채로운 이야기는 좌와 우, 보수와 진보를 넘어 그 자체로 인간과 사회, 국가와 세계를 바라보는 관점을 풍성하게 만드는 소중한 자산이다. 이 책 집필에 참여한 23인의 연구자들 또한 마찬가지다. 고대사 사료에 대해 의견이 갈리거나, 근현대사의 여러 국면에 대한 해석이 제각각 다르지만, 그들이 한자리에 모여 다른 목소리를 내는 것은 '역사가 하나가 아니'고 '하나일 수도 없음'을 웅변하는 대목이다.

한 인간의 삶이 우여곡절을 겪듯 한 사회나 국가의 이력도 파란만장한 과정을 거친다. 화려하고 찬란한 기억도 있지만 지워버리고 싶은 부끄러운 기억도 존재한다. 즐겁고 화려했던 기억은 남기고 부끄럽고 부정적인 기억은 버리고 싶은 것이 인지상정이다. 그러나 그렇게 해서는 인간, 사회, 국가, 세계의 온전한 모습이나 진실을 알기 어렵다. 그뿐만 아니라 자의적으로 선택되거나 포장된 기억은 이후의 역사를 그릇된 방향으로 이끌 수도 있다. 이제 어느 한편의 입맛에 맞는 기억과 역사만 남기고, 그것을 단 하나의 교과서에 담아 주입하려는 시도는 중단되어야 한다. 『쟁점 한국사』가 역사를 기억하고 공부하는 올바른 방향에 대해 깊이 성찰해보는 디딤돌이 되기를 바라는 마음이다.

"역사를 잊은 민족에게 미래는 없다." 일찍이 신채호와 윈스턴 처칠이 했던 이야기다. 사회적 동물이자 정치적 동물인 인간이 자신이 속한 공동체를 더 바람직하고 살 만한 곳으로 이끌어가려면 끊임없이 과거와 현실을 성찰해야 함을 강조한 언설일 것이다. 그런데 과거와 현실을 제대로 성찰하려면 다양하고 자유롭게 사고하고 토론할 수 있는 환경이 필요하다. '국정교과서 논란'을 계기로 역사, 역사 교육에 대한 사회적 관심이 역설적으로 높아진 오늘, 『쟁점 한국사』가 대한민국이라는 공동체의 미래를 더 바람직하고 살 만한 곳으로 만드는 데 미력이나마 도움이 되기를 기대한다.

기획자를 대표하여 한명기

과거를 경계하여 미래를 대비하는
징비懲毖의 지혜

2017년 새해가 밝았지만 나라 안팎의 현실은 팍팍하기 그지없다. 당장 트럼프가 미국 대통령으로 취임하면서부터 지난 수십 년 동안 익숙해져 있던 국제 질서의 기본 판도가 마구 흔들리고 있다. 예측할 수 없는 그의 언설과 행동 앞에서 "유일하게 확실한 것은 향후의 세계 정세가 몹시 불확실할 것이라는 사실뿐"이라는 이야기마저 들려온다. 이 와중에 중국은 사드 문제를 빌미로 우리를 잇따라 압박하고 있다. 기업 활동에 제한을 가하고 한류를 차단하는가 하면 전략 폭격기를 동원하여 무력시위까지 벌였다. 일본 또한 심상치 않다. 소녀상 설치를 빌미로 주한 일본 대사를 소환하고 통화 스와프 협상을 일방적으로 중단하는가 하면 법적 구속력이 있는 중·고등학교 학습 지도 요령에 '독도는 일본 땅'이라고 명기하는 도발을 감행했다.

내부적으로도 대통령 탄핵 사태가 웅변하듯이 정치 리더십은 바닥으로 추락했고 국론 분열은 심각하다. 여기에 극심한 청년 실업, 가속화하는 고령화, 코앞에 닥친 4차 산업혁명의 파고를 어떻게 넘을 것인가 하는 문제까지, 지금 우리 앞에 놓인 길은 온통 지뢰밭이다. 우리는 과연 내부의 난제들을 극복하고 밖에서 밀려오는 삼각파도를 제대로 헤쳐나갈 수 있을까? 위기의 시간일수록 과거를 경계하여 미래를 대비하는 징비의 마음가짐이 절실하다.

이 책은 역사를 새롭게 반추하여 오늘의 현실을 명징하게 비춰줄 거울을 찾겠다는 목적에서 기획되었다. 이를 위해 전근대 시기 우리 역사의 주요 쟁점 8가지를 뽑아들었다. 선택 과정에서는 그동안 잘 몰랐거나 망각했던 사실, 오늘을 이해하는 데 꼭 필요하지만 이런저런 이유 때문에 방기하거나 회피했던 주제, 이미 널리 조명되어 통념이나 통설처럼 치부되었지만 시대가 바뀌면서 재해석이 절실해진 사실과 담론, 과거를 제대로 이해하고 한국사 연구의 지평을 넓히기 위해 새로운 방법론의 적용이 꼭 필요한 주제 등이 우선 고려되었다.

1장에서는 격렬한 논쟁의 한가운데 있는 고조선의 강역 문제를 거론했다. 이 문제를 놓고 '강단 사학'과 '재야 사학'이 첨예하게 격돌하는 와중에 필자의 주장은 단호하다. 필자는 우리 역사와 민족의 우월성을 내세우기 위해서가 아니라 이 시대를 제대로 이해하기 위해, 문헌 자료를 더 치밀하게 검토하고 전보다 훨씬 풍성해진 고고 자료를 적극적으로 활용해야 한다고 힘주어 말한다.

2장에서는 우리 역사상 유일했던 신라 여왕 즉위의 배경과 의미에 대해 추적한다. 선덕여왕의 치세는 상징조작이 동원될 만큼 험난하고 우울한 시대였다. 내부적으로는 국가 경영 능력에 대한 불신이, 외부적으로는 경시와 비아냥이 끊이지 않았다. 남성 중심의 전근대사회에서 여성으로서 왕이 된 선덕여왕의 고뇌는, 최근 주요한 사회문제로 떠오른 여성에 대한 혐오와 차별 문제를 돌아보게 한다.

3장은 오늘날의 현실에 묘한 기시감을 주는 시사적인 주제를 다룬다. 여기서는 동아시아의 격동기였던 7세기, 신라와 고구려의 흥망을 김춘추와 연개소문이라는 코드로 해부한다. 권력은 힘으로만 얻어지는 것이 아니며, 현실 모순을 바로잡을 올바른 지향을 제시할 수 있어야 그 정당성을 얻을 수 있다는 필자의 주장은 오늘날에도 절실한 역사적 교훈이다.

4장은 고려 사회의 특징을 다룬다. 고려는 초기부터 지역사회의 자율성을 바탕으로 본관제를 운영하고, 유학·불교·도교·풍수지리설 등 다양한 사상이 공존하도록 했으며, 농·공·상 등 사회적 분업을 법제화했다. 이 같은 다양성은 고려를 장기간 지속시킨 힘이었다. 고려가 중앙의 통합력과 지방의 자율 지배 체제를 적절히 활용하여 외적의 침입에 효과적으로 대응했던 것은 다원성과 역동성, 경쟁과 소통이 국가를 유지하는 힘임을 웅변하는 대목이다.

5장은 고려의 개방성에 대해 이야기한다. 건국 초부터 중원의 여러 나라들과 적극적으로 교류하고 해외 이주민들을 포용했던 고려는 무신 집권기와 원 간섭기의 부침을 겪으면서도 '개방사회'로 가는 길에서 크게 벗어나지 않았다. 인간의 지성과 합리적 논의를 바탕으로 운영되는 사회를 '개방사회'라 한다면, 고려 사회의 개방성과 다양성은 본격적인

다문화 사회로 접어드는 오늘날의 한국에 시사하는 바가 크다.

6장은 원 간섭기에 대한 새로운 시각을 제시한다. 필자는 여기서 몽골이 강화도 공격에 소극적이었던 이유를 유목국가의 일반적인 지배 전략과 고려의 끈질긴 저항, 고려를 복속했을 때의 실익에 대한 평가가 복합적으로 작용한 결과라고 보았다. 고려가 원의 강력한 간섭에도 불구하고 고유의 풍속을 지킨 것과, 원이 주도한 유교적 문명사회 건설에 적극적으로 동참하여 발전을 이루려고 했던 사실은 국제화 시대 한국이 나아갈 방향을 제시해준다.

7장은 도발적이면서도 논쟁적인 글이다. 필자는 조선의 장기지속과 멸망의 원인에 대해 과감한 가설과 해석을 제시했다. 필자는 무엇보다 대동법에 주목한다. 대동법은 재정체계를 다시 짜는 거대한 사업이자 권력 집단의 부패를 도려내는 수술이었으며, 대동법의 시행으로 민의 담세 부담을 줄인 것이 조선이 왜란 이후 300년 이상 존속할 수 있었던 배경이라는 설명이다. 이 같은 주장은 조선이 고도의 행정적·도덕적 능력을 지닌 왕조였음을 역설하는 근거가 된다.

8장은 조선왕조의 대외관계가 지닌 법칙성을 언급한 글이다. 필자는 중국과 일본 사이에 '끼인' 한계를 넘기 위해 고투했던 조선 외교의 흐름을 개관한다. 이를 통해 15세기에는 탄력적인 외교를 펼쳤던 조선이, 16세기 이후 리더십의 문제와 타자 인식의 경화를 겪으면서 외부 압박에 취약한 상황으로 내몰렸다고 본다. 나아가 주변에서 힘의 이동이 생기면 어김없이 그 여파에 휘말렸던 조선의 대외 관계야말로 현재 한국이 직면한 외압을 헤쳐나가기 위해 돌아보아야 할 역사의 거울임을 역설한다.

역사를 배우는 목적은 인간과 사회의 발전적 흐름 속에서 다양한 영역들이 맺는 관계를 종합적으로 이해하기 위한 것이다. 이 책의 필자들은 그 같은 문제의식을 바탕으로 이미 밝혀진 사실과 정형화된 담론을 단순하게 나열하는 대신, 현실을 성찰하고 비판하는 힘, 미래를 이끌어 갈 대안과 문제의식을 계발하는 능력을 함양하는 데 도움이 되는 글을 쓰고자 노력했다. 그럼에도 2000년 이상 장구하게 이어진 전근대사를 고작 8개의 주제로 종합하고 재조명하기에는 적지 않은 한계가 있음을 부인할 수 없다. 독자 여러분의 기탄없는 질정을 기대한다.

저자들을 대표하여 한명기

1

우리 고대사의 영역은
어디까지인가

송호정

한국교원대학교 역사교육과 교수. 서울대학교 국사학과에서 박사학위를 받았다. 주요 저서로 『처음 읽는 부여사』 『단군, 만들어진 신화』 『한국 고대사 속의 고조선사』 『아틀라스 한국사』(공저) 『한국생활 사박물관』(공저) 『미래를 여는 한국의 역사』(공저) 『애! 그렇구나 우리 역사』(공저) 『타임캡슐 우리 역사』(공저) 등이 있고, 주요 논문으로 「고조선 국가형성 과정 연구」 「고조선·부여의 국가 구조와 정치 운영」 등이 있다.

우리 고대에는 고조선을 시작으로 고구려, 백제, 신라, 통일신라와 발해에 이르기까지 많은 왕조국가가 명멸하였다. 그 국가들은 기본적으로 한반도를 중심으로 만주 일대를 활동 무대로 삼아 역사를 펼쳤다. 여기서는 우리 역사상 첫 국가인 고조선과 두 번째 국가인 부여의 역사를 중심으로 초기 한국 고대사의 시공간적 범주를 살펴보고자 한다.

고조선과 부여는 만주와 한반도를 무대로 우리 역사상 처음으로 세워진 국가이다. 따라서 국가의 기원과 형성 문제뿐만 아니라 한국사의 시원이라는 점에서 매우 중요한 연구 대상이다. 고조선은 동시기에 존재한 부여, 동옥저, 삼한을 비롯한 주변 국가와 문화적 교류를 맺었고, 멸망 후에는 고구려, 백제, 신라의 국가 형성과 정치적 성장에 대단히 중요한 영향을 미쳤다. 부여 역시 고구려, 백제, 발해 등 고대국가의 원류가 되었다. 그럼에도 이 두 국가의 역사상이나 발전 과정에 대한 구체적이고 명확한 정리는 아직 이루어지지 않았고, 당시 사람들이 남긴 문화와 고고 자료에 대한 이해 역시 피상적인 수준에 머물고 있다. 그 주된 원인은 문헌 자료의 절대적인 부족에서 기인하므로 고조선과 부여 연구에는 문헌 자료의 부족을 메워줄 고고 자료에 대한 검토가 중요하다. 하지만 고고 자료는 기본적으로 그것을 제작해서 사용한 집단의 정체와 주거 지역의 범위를 밝힐 수 있어야만 사료로서 의미를 가진다. 그 때문에 그동안 많은 역사학자들과 고고학자들이 만주 일대에서 조사된 고고 자료의 주민 집단과 관련해 다양한 논의를 전개해 왔다.

고조선사와 부여사에 대한 대중들의 관심은 '재야사학자'[1]들의 활발한 활동에 의해 촉발되었던 면이 크다. 1970년대 말 등장한 재야사학자들은 1980년대 사회 분위기와 엇물려 웅대한 한민족사와 고조선사 열풍을 이끌었다.[2] 그들은 대개 단군신화의 실재성을 믿고, 고조선의 역사가 아주 오래되었으며 출발 단계부터 광대한 영역을 통치했다고 주장한다. 일부에서는 단군신화의 역사성을 부정하는 대신 기자조선이 실재한다고 믿고 기원전 1000년 이전부터 남만주와 서북한 일대에서 기자조선의 역사가 전개되었다고 주장한다.[3] 일찍이 신채호는 『조선상고사』에서 단군조선의 역사를 만주 지역에서 찾았고, 그 역사는 부여족이 주도했다고 서술했다.

이러한 주장의 근본적인 문제는 단군신화를 포함한 후대의 고조선 사료와 남만주 관련 중국 사료에 대한 종합적이고 비판적인 이해가 결여되었다는 점이다. 특히 우리 역사와 민족에 대한 지나친 우월 의식으로 한국사의 유구함과 영토의 광대함을 밝히고자 하는 의도가 많이 작

단재 신채호

일찍이 신채호는『조선상고사』에서
단군조선의 역사를 만주 지역에서 찾았고,
그 역사는 부여족이 주도했다고 서술했다.

용했다. 이제는 그 동안의 과장된 역사 인식에서 벗어나 남만주 지역 고고 자료와 문헌 자료를 면밀하게 검토해 역사의 실체를 냉정하게 바라보아야 한다.

첫 국가 고조선의
시공간적 범주

우리나라의 첫 국가 터전을 마련한 고조선이 일어선 때를 보통 기원전 2333년이라고 한다. 이해를 기준으로 햇수를 계산하는 방식을 단군기원, 줄여서 단기라고 한다. 이에 따라 서기 2017년은 단기 4350년(2333년+2017년)이 된다. 원래 이 연대는 일연이 쓴 『삼국유사』에서, 단군이 나라를 세운 때가 중국의 첫 번째 임금인 요임금이 즉위한 해와 같다고 한 데에서 비롯되었다. 조선 전기에 서거정 등이 주도해서 저술한 『동국통감』에서 이해를 기원전 2333년으로 본 것이다.

요임금은 전설상의 인물로서 중국 역사의 초기 임금으로 추앙받고 있다. 그러나 요임금이 실존 인물인지조차 알 수 없고 그가 왕위에 오른 연대에 대해서는 더욱 알 수 없다. 따라서 단군이 나라를 세운 연대도 확신할 수 없는 것이다. 한때 송나라 사람 소강절이 요임금의 개국 시기를 기원전 2357년으로 추정한 적이 있으나 이는 역사적 근거가 없는 무의미한 추정일 뿐이다. 따라서 이를 기준으로 단군의 개국 연대를 추정하는 것 또한 의미 없는 일이다.

그러면 오늘날 한국 정부가 나서서 개천절을 기념하거나 우리가 한때 단기를 사용했던 사실은 어떻게 봐야 할까? 이는 단군을 우리 민족의 시조로서 인식하기에 일어나는 일이다. 하지만 고조선의 건국 시조로서 단군의 역사적 존재를 인정하는 것과 한민족 전체의 공통 조상으로서 '단군 할아버지'를 받드는 것은 전혀 다른 차원의 이야기이다.

고조선은 청동기 사회 발전을 바탕으로 철기를 비롯한 금속 문화가 보급되면서 촉발된 농업 생산력의 발전과 그로 인한 사회분화 과정에서 국가를 형성했다. 여기에 선진 철기 문화를 누리던 세력이 성장하면서 기원전 4~3세기경 고조선의 중앙 지배 권력이 점진적으로 성립했다. 따라서 고고 자료를 바탕으로 고조선사를 정리할 경우 청동기시대와 초기 철기시대의 고조선을 구분해서 서술하는 것이 중요하다.

선진先秦시대 문헌인 『관자管子』에 따르면 고조선이 역사에 등장하는 시기는 중국 동북지방에서 청동기 문화가 꽃피기 시작한 기원전 8~7세기 이후이다. 그렇다면 그 전부터 고조선의 역사가 시작된 것으로 보아야 할 것이다. 『사기史記』에는 고조선이 기원전 108년 한나라 무제가 보낸 군대에 의해 멸망했다고 한다. 따라서 고조선사란 남만주, 즉 중국 동북지방에서 청동기 문화가 발전하기 시작하는 기원전 10세기부터 한나라 군대에 의해 멸망하기 전까지의 역사를 말한다.

고조선은 남만주의 요동 일대와 한반도 서북부 일대를 중심으로 발전했다. 이 지역은 일찍부터 농경이 발달한 곳으로서 주민의 대부분은 예족과 맥족이었다. 예족과 맥족은 언어와 풍속이 서로 비슷했고 한반도 서북부와 남만주 발해만 일대에 흩어져 살았다. 생산력의 발전과 함께 이곳에도 군데군데 작은 정치 집단들이 생겨났고, 그중 우세한 세력들이 나서서 다른 집단을 정복하거나 통합했다. 그 과정에서 고조선이라는 정치체가 출현했다.

단군조선의 실체와
청동기 문화

일연은 『삼국유사』에서 고조선은 단군왕검이 세운 왕검조선을 말한다고 서술했다. 중고등학교 국사 교과서를 비롯한 많은 연구자들은 단군조선의 존재를 인정하고 이를 남만주 지역에서 개화한 비파형동검 문화와 연관 짓는다.

고조선사의 첫 단계로 인식해왔던 단군조선은 우리 역사에서 초기국가가 출현하는 단계의 역사적 경험을 신화의 형태로 정리한 것이다. 단군신화는 우리 역사상 최초의 정치 지배자이자 문화 영웅이었던 단군의 출현 과정을 신성하게 기술했다. 『삼국유사』 고조선조의 내용은 하늘 세계의 인물인 환웅과 지상 세계의 곰이 결합하여 단군을 낳은 데에서 내용이 마무리된다. 거기에는 단군조선의 건국 과정이나 나라의 구체적 실상은 담겨 있지 않다. 고조선의 초기 단계인 단군조선은 고조선의 국가권력이 형성된 후에 지배층 사이에서 만들어진 신화 속 역사일 뿐이며 단군신화의 내용이 실재했던 역사임을 입증할 근거는 없다.

초기 고조선의 역사는 남만주 지방에서 발전한 비파형동검 문화에서 찾아야 한다. 실제로 단군신화는 지배자가 등장하는 단계의 역사를

조선 말기의 화가 채용신이 그린 단군

단군조선은 고조선의 국가권력이 형성된 후에
지배층 사이에서 만들어진 신화 속 역사일 뿐이며
단군신화의 내용이 실재했던 역사임을 입증할 근거는 없다.

신화로 정리한 것이기에 그 배경을 청동단검 문화와 연관시켜 볼 수는 있다. 그 때문에 단군신화로 표현된 단군조선의 역사를 비파형동검 문화와 연결해 해석하는 것이다. 고고 자료를 중심으로 초기 고조선사, 즉 단군조선의 내용을 논할 때 가장 먼저 거론되는 비파형동검 문화는 청동기시대인 초기 고조선의 사회상을 설명해주는 문화적 지표이다.

종래 초기 고조선 관련 남만주 지방 고고 자료에 대한 논의는 비파형동검 문화에 대한 해석을 둘러싼 것이었다. 비파형동검 문화는 기원전 10세기 초에 나타나 기원전 8~7세기경에 번성했다. 그런데 비파형동검은 산융족이 활동한 요서 지역에 집중되어 있으므로 이 논의의 관건은 요서 지역 청동기 문화와 대릉하 동쪽부터 요동까지 이어지는 청동단검 문화를 과연 어느 집단의 문화로 보느냐 하는 것이다.

보통 내몽고 지역을 포함한 요서 지역의 비파형동검 문화를 하가점상층문화라고 부른다. 대표 유적으로는 남산근 유적과 소흑석구 유적이 있다. 이 유적들에서는 비파형동검을 비롯한 각종 청동기와 많은 양의 유물이 출토되었는데, 이를 통해 하가점상층문화를 일군 주민들은 대개 반농반목의 정착 생활을 했음을 알 수 있다. 비파형동검이 주로 사용되던 시기는 기원전 8~7세기 이후이므로 하가점상층문화의 주민 집단을 성립 시점이 불분명한 단군조선으로 보기는 힘들다.

그렇다면 이 유물은 단군조선 이후 등장한 기자조선의 유물인지, 아니면 청동기시대 고조선 사람들이 남긴 유물인지에 대한 검토가 필요하다. 이와 관련하여 기원전 8~7세기 단계에 요령성 일대에서 활약한 군소 종족 가운데 산융, 동호 등과 고조선에 주목할 필요가 있다. 중국 선진시대 문헌에는 요서 지역에서 기원전 8~7세기경에 활동한 종족으로 산융과 동호가 등장하며, 그 동쪽에 예맥과 조선이 있었다고 전한다. 또 요서 지역에서는 산융, 영지, 고죽, 도하 등 100여 개 이상의 종족들이 지역을 나누어 살면서 전쟁이나 제사 등 특정한 목적 아래 이합집산 했고, 중국의 연나라와 제나라를 괴롭혔다고 기록되어 있다. 이런 점들로 미루어 보아 하가점상층문화는 기자조선 또는 초기 고조선 집단의 유적이 아니라 산융 혹은 동호의 문화라고 판단할 수 있다.

동아시아 청동기 문명의 시작은 기원전 15세기경이고, 본격적인 발달은 기원전 10세기 이후부터다. 따라서 고조선 역사의 출발 시점은 그 이후로 설정하는 것이 합리적이다. 동아시아에 청동기문명이 막 시작하려는 시기에 만주 전역에 제국을 세운 고대국가를 상정하는 것은 역사의 실상과는 거리가 있다.

고조선은 우리 역사상 처음으로 세워진 국가이다. 고조선이 중국이나 주변 종족 집단들에게 하나의 정치체나 국가로 인식되기 시작한 것은 기원전 4~3세기경인 철기시대에 들어와서이다. 사마천의 『사기』 등의 문헌 자료를 보아도 철기 문화가 남만주 지역에 전래되기 시작한 기원전 4~3세기 이후에 와서야 고조선의 관료 체제나 고조선 사회의 구체적인 모습을 확인할 수 있다.

고조선은 한 지역의 부족 집단에서 성장했을 것이다. 따라서 본래는 지역 혹은 종족 이름이었던 고조선이, 사회가 발전함에 따라 나라 이름으로 고착되었을 가능성이 크다. 『사기』를 비롯한 고대 사료에는 조선이 예맥, 진번 등과 함께 작은 종족 국가로 등장한다. 이들 여러 종족 집단 사이에서 조선 사회가 가장 발전하여 결국에는 주변 종족 집단을 아우르고 맹주 역할을 했던 것이다. 따라서 고조선이 처음부터 강력한 왕권을 지닌 중앙집권적 고대국가를 수립했다는 주장은 관철되기 어렵다. 그동안 많은 분들이 국가의 성립과 발전 단계에 대한 고려 없이 한국 고대사에서 고조선사만 떼어놓고 보는 바람에 과장되고 확대 해석된 역사상이 그려졌던 것이다.

기원전 4세기 이전의 일을 기록한『관자』나『전국책』등에는 요동과 조선이 구분되어 나온다.『전국책』「연책」에는 소진이 문후에게 당시 연의 주변 상황에 대해 "연의 동쪽에는 조선과 요동이 있고, 북쪽에는 임호와 루번이 있다."라고 말하는 장면이 있다. 이 기록에는 요동이 조선과 병렬적으로 표기되어 중국에서 둘을 다르게 인식했다는 것과 당시 요동이 연에 속하지 않았음을 보여준다.

한편『사기』에는 요동의 주민 집단을 '예맥'이라고 표기한다. 고고 자료를 보면 요동과 조선이 문헌 기록에 등장할 당시인 기원전 4세기 무렵에는 탁자식(북방식) 고인돌과 미송리형 토기, 팽이형 토기가 일정 범위를 중심으로 분포하고 있음이 눈에 띄는데, 그곳이 바로 요동에서 서북한에 걸친 지역이다. 한반도 서북 지방을 중심으로 분포하는 팽이형 토기 문화는 탁자식 고인돌을 만들었던 청동기인들의 생활 흔적이므로 결국 고조선의 중심 청동기 문화일 가능성이 높다. 한편 그동안 청동기 시대 고조선 문화로 이야기되던 요동의 미송리형 토기 문화 역시 예맥족의 문화로 초기 고조선의 주요 주민집단이 남긴 문화로 보는 편이 합리적이다. 따라서 문헌 기록과 고고학 자료를 종합해 보면 비파형동검

강화도 부근리 고인돌

요동과 조선이 문헌에 등장하기 시작한
기원전 4세기 무렵, 비파형동검 문화의 발전 아래
미송리형 토기와 팽이형 토기, 탁자식 고인돌이
일정한 범위에 걸쳐 분포한다는 사실은 어떤 의미를 가질까?

문화 가운데 탁자식 고인돌과 미송리형 토기, 팽이형 토기의 분포지가 고조선 사람들이 살았던 지역임을 알 수 있다.

기원전 3세기 이후에는 전국시대의 철기 문화가 남만주와 한반도에 영향을 미치기 시작한다. 기존의 비파형동검 문화도 세형동검 문화로 발전하게 되는데, 그 중심지는 서북한의 청천강 이남 지역에 있었다. 청동기시대에 서북한 지역에서 성장한 주민 집단들이 요령성의 선진 청동기 문화와 철기 문화를 받아들여 새로이 세형동검 문화를 창조해낸 것이다. 그들은 일찍부터 철기를 받아들여 농기구와 무기를 만들고 이를 통해 군사력과 지배체제를 강화해나갔다. 이 시기 한반도 서북 지방에서는 위만으로 대표되는 중국 유이민 세력이 여럿 등장하고, 고조선이라는 국가체가 서서히 그 윤곽을 드러냈다.

고조선은 기원전 4세기 이래 연나라가 남만주 지역으로 진출하자 그들의 선진 철기 문화를 받아들여 왕실의 지배력을 다져나갔다. 그 덕분에 고조선은 요동 일대의 예맥족이 거주하던 지역까지 세력권에 포함시켜 연맹 상태의 국가체제를 형성하게 된 것으로 보인다. 당시 고조선 사람들은 앞선 청동기시대와는 다른 문화를 형성하여 움무덤(토광묘)과 세형동검, 각종 철제 무기들을 남겼다. 고조선은 청동기 문화를 바탕으로 성장하여 철기 문화를 수용하면서 본격적인 발전을 이룩했고, 이후 왕권도 성장해 지방에 대해서도 일정한 영향력을 행사하게 되었다. 따라서 지금까지 고조선 문화 하면 대개 청동기시대인 비파형동검 문화를 이야기했지만 실제로는 철기시대로 진입한 단계의 세형동검 문화에 주목해야 한다.

강원도 춘천 중도에서 발굴된 비파형동검 문화 유적지

연나라로부터 선진 철기 문화를 받아들인 고조선은
요동 일대의 예맥족이 거주하던 지역까지
세력권에 포함시켜 연맹 상태의 국가체제를 형성하고
앞선 시대와는 다른 문화를 발전시켰다.

위만조선을
어떻게 볼 것인가?

　　　　　　　　　　연나라 사람 위만은 전부터 모시던 연왕 노관이 흉노 땅으로 떠나자 부하들을 데리고 고조선 서쪽 지역에 와서 100여 리의 땅을 얻어 생활했다. 그는 유이민을 끌어모아 차츰 세력을 키웠다. 기원전 194년경 한이 침공해오자 위만은 수도 방어를 구실로 군사를 이끌고 들어와 평양의 왕검성을 근거지로 위만조선을 세웠다. 이때 왕위를 빼앗긴 준왕은 할 수 없이 자신을 따르는 신하들과 일부 백성을 데리고 한강 이남으로 내려갔다. 그리고 그곳에 정착해 스스로를 '한왕韓王'이라 칭했다. 이로써 '한韓'이라는 종족 이름과 나라 이름이 생겼으며 새로이 삼한시대가 열렸다. 정권을 차지한 위만은 새로운 왕조를 유지하기 위해 중국에서 온 유이민과 토착 고조선인 모두를 관리로 임명해 두 세력 사이의 갈등을 줄이고 정치적 안정을 꾀했다. 또 재빨리 중국의 철기 문화를 받아들여 군사력을 키웠다.

　　한나라가 중국을 통일하자 위만은 주변 종족들이 중국의 국경을 침범하지 못하게 하고, 중국과 통교하는 것은 막지 않는다는 조건으로 한나라와 화평한 관계를 맺었다. 한나라도 위만조선을 동이 지역을 대표하는 나라로 인정해 권위를 부여하고 물자를 지원하겠다고 약속했다. 덕분에 위만조선은 중국 유이민들을 통해 전래된 문물을 수용하고, 한나라의 위세와 물자 지원을 활용해 군사력을 키우는 한편 한반도 남부에 생겨난 여러 소국들이 한나라와 교역하는 것을 통제하면서 중계무역을 통해 많은 이익을 챙겼다. 이로써 더 커진 힘을 바탕으로 위만조선은 이웃한 동옥저와 임둔, 진번 같은 부족 집단을 정복해 영토가 사방 수천리에 이르는 정복 국가가 되었다.[4] 이러한 자신감을 바탕으로 위만조선은 수도인 왕검성을 중심으로 독자적인 문화를 발전시켜 나갔다. 그들은 움무덤에 이어 나무곽무덤(목곽묘)을 조영하고, 고조선만의 독특한 세형동검 문화를 창조했다.

위만은 중국에서 받아들인 병장기와 철기 등 위엄 있는 재물을 가지고 주변 지역을 정복했다. 손자인 우거왕 대에 이르러서는 강력한 국력과 한에서 멀리 떨어진 지리적 조건을 이용해, 한의 조서를 거부하고 주변 읍락과 소국들을 직접 통제하기에 이른다. 위만 왕조는 토착 고조선 사회에 바탕을 두고 독자적으로 발전해갔으며 유이민 집단 또한 별도의 지배 세력을 구성하지 않았다.

위만조선은 중계무역의 이익을 독점하기 위해 진국을 비롯한 한강 이남의 여러 나라들이 한과 직접 통교하는 것을 금지했다. 이같은 행위는 위만조선이 한나라 정부와 맺은 외신外臣 규정에 어긋나는 것이었으므로 한을 자극했을 것이다. 위만조선이 중국의 정책대로 움직이지 않고 독자적 성장을 지속하는 한 양국의 충돌은 피할 수 없는 일이었다.

위만조선은 북방의 흉노와 손을 잡고 중국의 힘에서 벗어나 독자적인 세력권을 형성하려고 노력했다. 문헌에는 위만조선이 "흉노의 왼팔이 되었다."고 기록되어 있다. 이는 흉노와 위만조선이 긴밀한 관계였음을 암시한다. 몽골 고원의 흉노족은 오랫동안 중원의 한족들을 괴롭혔다. 위만조선이 흉노와 손을 잡고 세력을 키우며, 주변 지역을 관리하겠다는 약속을 지키지 않자, 한나라는 흉노와 위만조선의 연결을 끊고 동북아시아 지역을 석권하고자 전쟁을 일으킨다.

당초 한 무제는 위만조선을 회유해 흉노와 손을 끊도록 하고자 섭하를 사신으로 보냈다. 그러나 위만조선은 한나라의 뜻을 따르지 않았다. 성과 없이 귀국 길에 오른 섭하는 배웅 나온 위만조선 장수를 살해하고 패수를 넘어 도망쳤다. 이후 한 무제가 섭하에게 요동군 동부도위라는 벼슬을 내린 것에 분노한 위만조선의 우거왕이 군사를 동원해 섭하를 죽이는 사건이 벌어진다.

이 사건을 계기로 위만조선과 한의 관계는 극도로 나빠졌다. 한나라 무제는 정벌군을 조직해 기원전 109년 가을, 육지와 바다 양쪽에서 5만 7000명의 병사를 동원하여 위만조선을 대대적으로 공격한다. 위만조선은 험한 곳에 군사를 배치하여 첫 싸움에서 대승을 거둔다. 그후 간신히 왕검성 부근에 도착한 한의 육군과 수군은 왕검성을 포위했으나 위만조선의 완강한 저항 앞에 별반 성과를 얻을 수 없었다.

위만조선의 항전이 완강하여 시일만 끌게 되자 한나라는 정면 대결을 하는 동시에 위만조선의 지배층을 매수·분열시키는 방법을 추진했다. 포위가 길어지자 왕검성 내에서도 화친을 주장하는 세력과 결사 항전을 주장하는 세력이 갈려 갈등이 팽팽했다. 상新 노인과 상 한음, 니계상 참, 장군 왕협은 도망하여 한나라 군대에 항복했으며 니계상 참은 사람을 보내 우거왕을 살해했다. 이어 왕자인 장까지 투항했으나 왕검성은 아직 함락되지 않았다. 위만조선의 대신 성기가 성의 백성들을 지휘하여 끝까지 항전했기 때문이다. 그러자 왕자 장과 노인의 아들 최는 백성들을 선동하여 성기를 살해하고 말았다. 이리하여 기원전 108년 마침내 왕검성은 함락되고 위만조선, 즉 고조선은 멸망했다.

　동북아시아의 강국 고조선은 멸망했지만 그 정신과 전통은 삼국으로 이어졌다. 고조선의 국가적 경험은 한강 이남의 마한에서 청동기 문화가 발전하는 배경이 되었고, 그 외곽에서 고구려가 새롭게 성장하는 문화적 바탕이 되었다. 마한의 청동기 문화를 기반으로 백제가 성장했고, 신라의 국가 형성에도 고조선 유민이 큰 역할을 했다.

왜 부여의 역사에 주목해야 하는가?

　　　　　　　　　　위만조선의 전성기에 그 북쪽에는 부여라는 나라가 성장하고 있었다. 부여는 중국 동북지방의 송화강 유역을 중심으로 예맥족이 세운 고대국가이다. 고조선에 이어 우리 역사상 두 번째로 국가 체제를 마련했으며 수준 높은 문화를 영위했다. 부여는 고조선 후기인 기원전 3세기 무렵에 등장해 한나라와 밀접하게 교류하고, 주변의 유목국가와도 길항 관계를 유지하면서 중국 동북지방의 역사를 주도해나갔다.

　『삼국지』 위서 동이전에 부여는 "선조 이래 다른 나라에 패해본 적이 없다."는 기록이 있을 정도로 3세기 중엽까지 강력한 군사력과 통치력을 지닌 나라였으며, 494년 고구려에 복속되기까지 700여 년간 명맥을 유지했다. 그러나 지금껏 부여의 역사는 한국 고대사의 중심에서 밀려나 있었다. 대부분의 역사서에서 부여는 중앙집권적인 고대국가가 성립하기 전의 초기 국가로 간략히 언급될 뿐이고, 학계의 연구도 활발하지 못했다.

이는 무엇보다 고조선과 고구려 중심의 역사 서술이 이어져 온데다가 문헌 자료는 물론 그것을 보충할 고고 자료 역시 부족하기 때문이다. 그러나 부여의 역사는 한국 고대국가의 출발점으로 재평가되어야 한다. 고구려를 세운 주몽은 부여 왕실에서 태어나 성장한 부여의 왕자이다. 백제도 고구려에서 내려온 온조 집단이 부여의 후손임을 자처하고 성왕 대에 국가 부흥을 꾀하며 국호를 남부여로 바꾼 데서 드러나듯 그 연원이 부여에 있다. 신라와 가야 역시 부여에서 내려온 주민 집단이 그 문화를 형성하는 데 중요한 구실을 했음을 여러 자료를 통해 확인할 수 있다. 특히 김해에 있는 가야 무덤에서 나오는 부여 계통의 청동 솥이나 마구 제품은 부여 귀족의 무덤에서 나온 것과 매우 유사하여 주민의 이동이 있었거나 양국이 문화적으로 밀접한 관계였음을 알 수 있다. 뿐만 아니라 부여는 고대국가의 발전 과정에서 우리 민족이 품으려고 노력한 중국 길림성과 흑룡강성 지역의 상당 부분을 차지했던 국가로, 우리 역사의 각 시기마다 끊임없이 호출되는 이름이었다.

예족과 맥족의 나라
부여

기원전 1세기 중엽 후한의 학자 왕충이 지은 『논형論衡』 길험편이나 위나라 어환이 펴냈다는 『위략魏略』

에는 부여의 건국 설화인 동명설화가 다음과 같이 묘사되어 있다.

옛날 북방에 탁리라는 나라가 있었는데, 그 왕의 시녀가 임신을 했다. 왕이 그녀를 죽이려 하자 시녀는 "달걀만 한 크기의 기운이 제게 떨어져 임신했습니다." 했다. 그뒤에 아들을 낳았다. 왕이 그 아이를 돼지우리에 버리자 (돼지가) 입김을 불어주어 죽지 않았고, 마구간에 옮겨놓았더니 말도 입김을 불어주어 죽지 않았다. 왕은 천제의 아들일 것이라고 생각해 그 어머니에게 거둬 기르게 하고는 이름을 동명이라 하고 항상 말을 기르게 했다. 동명이 활을 잘 쏘자 왕은 자기 나라를 빼앗길까 두려워 죽이려고 했다. 이에 동명이 달아나 남쪽의 엄호수에 이르러 활로 물을 치니 물고기와 자라가 떠올라 다리를 만들어주었다. 동명이 물을 건넌 뒤 물고기와 자라가 흩어져버려 추격하던 군사는 건너지 못했다. 동명은 부여 지역에 도읍하고 왕이 되었다. 이렇게 북이北夷의 땅에 부여국이 있게 되었다.

여기서는 크게 두 가지 사실을 알 수 있다. 첫째 부여 건국 전에 북방에 이미 탁리라는 나라가 있었다는 것, 둘째 부여의 시조 동명은 탁리국 출신으로 남쪽으로 달아나 엄호수를 건너 부여에 와서 왕이 되었다는 것이다. 결국 동명설화를 보면 부여는 북쪽에서 송화강 유역으로 남하한 세력이 건국했을 가능성이 크다. 설화의 기본 줄기는 왕이 탁리국에서 엄호수를 거쳐 부여까지 망명해 도읍을 정했다는 이주 전설이다.

그렇다면 부여를 건국한 이들은 어떤 사람들이었을까? 부여의 건국

전설에 따르면 부여가 세워지기 전 그 지역에는 예인滅人이 살았다고 한다. 3세기에 진수가 저술한 『삼국지』 위서 동이전 부여조의 기록은 분명히 일정한 역사적 사실을 반영한다. 이 기록에는 "부여 왕이 쓰는 인각된 문자는 예왕지인滅王之印이라 하고, 나라에는 예성滅城이라는 오래된 성이 있다. 생각건대 여기는 원래 예맥의 땅이었으며 부여는 그 땅에 왕으로서 군림하고 있다. 왕 스스로 망명자라고 칭하는 것도 이유가 없지는 않다."라고 쓰여 있다.

예인들은 길림성 일대에서 청동기시대 이래 돌널무덤과 시퇀산형 토기 및 청동창 등을 특징적으로 사용한 시퇀산 문화를 영위했다. 한편 부여의 지배층은 맥족으로 그들이 예족의 땅으로 남하해 건국했다고 보기도 하는데, 맥족과 예족은 인류학적으로 동일한 종족에 속해 양자 간 차이를 구별하기가 어렵다. 예와 맥을 따로 보기도 하고 포함관계로 보기도 하는 등 여러 견해가 존재하지만, 원래 예 계통의 주민 집단이 살던 요하 동쪽 지역에 북방에서 맥 계통의 주민 집단이 이주하고 융합을 통해 예맥이라는 종족 집단을 형성했다고 보는 것이 가장 합리적이다.

역사 기록에서 부여는 대체로 길림성의 제2 송화강 변에 위치했던 것으로 나온다. 부여의 위치에 관한 구체적인 서술은 『후한서』 『삼국지』 『진서』에 나타난다. 『후한서』에 따르면 "부여국은 현도 북쪽 1000리에 있다. 남쪽으로는 고구려, 동쪽으로는 읍루, 서쪽으로는 선비와 접하며, 북쪽에는 약수가 있다. 땅은 사방 2000리로 본래 예의 땅이었다. (중략) 동이 지역에서 가장 평평한 곳으로 오곡이 자라기에 알맞다." 『삼국지』에는 거의 같은 내용에 "산과 언덕, 넓은 못이 많은 곳"이라는 표현이 더

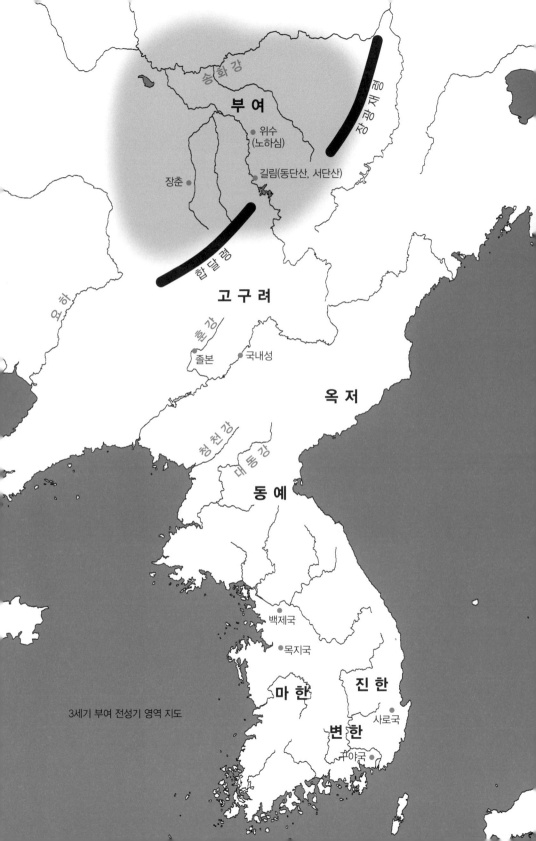

부여

송화강

위수
(노하심)

길림(동단산, 서단산)

장춘

고구려

졸본

국내성

옥저

청천강

대동강

동예

3세기 부여 전성기 영역 지도

백제국

목지국

마한

진한

사로국

변한

구야국

부여의 초기 중심으로 여겨지는 용담산 일대(위)와 고구려의 첫 도읍 오녀산성(아래)

부여는 고구려와의 세력 경쟁을 통해 성장했다.
부여 왕실은 군사·외교적인 방법으로
고구려를 예속시키려 노력했지만
5세기 말 결국 고구려에 병합되고 말았다.

해졌다. 한편 『진서』에서는 "부여국은 (중략) 남으로는 선비와 접하며 북쪽에는 약수가 있다."라고 해 남쪽 경계에 고구려 대신 선비가 등장한다. 현도군은 지금의 선양과 푸순 사이에 해당하는 곳으로 여기서 북쪽으로 1000리에 해당하는 곳은 길림성 중부 일대이고, '평평하고 넓은 못이 많은 곳'이라면 송화강 유역뿐이다. 부여의 북쪽 경계로 나온 약수는 대부분의 학자들이 제1 송화강으로 보지만 일부는 흑룡강으로 보기도 한다.

부여는 남쪽으로 고구려와 국경을 접하고 있었다. 한나라 때 고구려는 요동군의 동쪽에 있었고 그 북쪽 경계는 휘발하를 넘지 않았다. 또 혼하 중류 지역에 있던 3세기의 고구려 신성이 고구려 서북쪽의 요충지였다는 점에서 서북쪽으로는 혼하 중류 북쪽까지 뻗쳐 있었다고 본다. 그렇다면 부여는 진·한 대의 장성이 있던 개원과 휘발하 상류를 연결하는 선보다 북쪽에 자리했다고 말할 수 있다. 또한 문헌 자료와 고고학 발굴 결과로 추정해볼 때, 선비와 맞닿아 있던 서쪽 경계는 대략 오늘날의 도올하에서 밑으로 송요, 창도 일대의 동요하 지역까지 이르렀고, 읍루와 맞닿아 있던 동쪽 경계는 장광재령과 위호령 일대였을 것으로 보인다.

부여는 고구려와 세력 경쟁을 통해 국력을 키워 나갔다. 처음에는 둘 사이에 군사적 연맹이 성립되어 있었지만 고구려가 부여의 역량을 넘어서고부터는 곧바로 부여를 병탄하려고 했다. 부여는 한과 손을 잡고 고구려에 맞섰고 그 결과 관계가 점차 악화되었다. 부여 왕실은 군사·외교적인 방법으로 고구려를 예속시키려 했지만 세력을 키운 고구려는 대무신왕 5년 부여의 남쪽 경계에서 대대적인 공격을 감행했다. 큰 싸움

끝에 결국 부여가 이기긴 했으나 대소왕이 죽고 수많은 군사를 잃어 부여 통치층 사이에 불안과 동요가 퍼졌으며 고구려로 넘어가는 자들이 늘어났다. 이 전쟁을 계기로 부여는 국력이 뚜렷이 약해졌다.

2세기 이후 부여는 고구려의 발전을 견제하기 위해 후한과 밀접한 외교 관계를 맺었다. 고구려가 현도성을 공격하자 부여 왕은 왕자 위구태를 후한에 파견해 맞서 싸우게 했다. 북방의 한랭한 땅인 송화강 유역에 자리 잡은 부여가 온난한 요하강 유역으로 진출하려 하고, 압록강 중류의 산간지대에 자리 잡은 고구려가 농경지로서 혜택이 많은 요동으로 진출하려고 한 것은 경제적 기반을 확보하기 위한 당연한 행보였을 것이다. 후한은 이런 대립을 교묘하게 이용해 이민족 지배 정책을 실시했다. 3세기를 넘어서면서부터 부여는 서쪽에서 세력을 키운 선비족 모용씨와 고구려의 압력으로 더이상 성장하지 못했다. 점점 힘이 약해진 부여는 494년 왕족이 고구려에 투항하면서 멸망하고 말았다.[5]

"부여는 부유하고 선조 이래
다른 나라에 패한 적이 없다."

부여에서는 매년 "12월에 온 나라 사람이 다 모여 하늘에 제사를 지내는데, 그것이 며칠씩 계속되었으며, 음식을 먹고 노래하고 춤을 추는데 이를 영고라고 했다." 또 "군대를 동원할 일이 있으면 하늘에 제사했다."[6] 부여는 고구려나 동예보다 북쪽에 있었던 만큼 겨울이 길고 추웠다. 따라서 남쪽의 다른 나라에 비해 사냥이 특히 더 중요했을 것이다. 하늘에 제사하는 목적은 천지 만물을 주재하는 신령이 하늘에 있다고 믿었기 때문이다. 부여에서는 길일을 택해 국중대회를 열었는데, 이는 족장회의의 기능을 했다. 국중대회에서는 제가諸加들이 모여 왕을 중심으로 하늘에 제사를 지내는 한편, 지난 한 해를 결산하며 나라의 중요한 문제를 토론하고 결정했을 것이다. 농사가 잘 안 되면 왕을 살해하거나 바꾸기도 했는데, 제천행사 때 회의를 통해 그러한 결정을 내렸을 것이다. 한편 국중대회 때에는 재판을 하고 죄수를 석방하기도 하는 형옥 판결을 했다. 전국적인 지배 조직이 미비하고 각 부족들의 자치력이 강한 상황에서 부여의 영고는 정치적인 통합 기능도 지녔던 셈이다.

부여에서는 형이 죽으면 동생이 형수와 결혼하는 취수혼이 널리 행해졌다. 부여 사회에서 취수혼은 옛 풍속의 잔재나 예외적인 일이 아니라 당대인들이 바람직한 혼인 형태로 여겨졌다.[7] 유교 윤리가 지배하는 사회에서는 취수혼 풍습이 악덕으로 여겨지지만 종족 보존의 열망이 강했던 고대에는 흔한 일이었다. 한나라 사람으로서 흉노에 귀화한 중항열이 북방 민족의 취수혼 풍속에 대해 "종성種姓이 흩어지는 것을 두려워하는 까닭"이라고 한 데에서 그런 모습이 잘 드러난다.[8] 실제 취수혼 풍습은 흉노뿐 아니라 고대 중국과 고구려에도 있었고 현대 일본에서도 행해졌다. 취수혼이 이루어지는 이유는 죽은 형의 재산을 지키고 어린 자식의 분리를 방지해 가족제도를 유지하는 데 있었다.

부여 사회는 왕권이나 중앙정부의 통제력이 미약했기 때문에 제가들이 독자적으로 단위 집단을 이끌고 전투를 수행했다. 이때 전사는 호민과 제가 층이 담당했고, 하층의 일반민인 하호는 보급병의 역할을 했다. 부여 귀족의 무덤인 동단산 무덤이나 부여 영역 안에 있던 노하심 유적에서 출토된 수많은 철제 무기와 마구를 보면, 부여의 군사력이 대단했음을 알 수 있다.

『삼국지』 위서 동이전 부여조의 "그 나라에서는 가축 기르기를 잘하고 명마와 적옥, 담비, 아름다운 구슬이 난다. (중략) 여섯 가지 가축으로 관직을 정했다."라고 한 기록은 부여에서 가축을 종류별로 나누어 전문적으로 길렀을 것이라고 짐작하게 한다. 훌륭한 말을 생산하기 때문에 부여인들은 농경민이면서도 기마 풍습을 가졌고, 보병과 함께 기병도 상당수 있었으리라 생각된다. 부여의 영역에 있던 시펑 시차거우나 위수 라오허선 덧널무덤 유적 등에서는 유목민이 주로 쓴 철제 무기와 마구, 청동 비마(飛馬) 장식과 청동솥이 나오고 있다. 한—부여 시기의 무덤에서도 철제 무기와 마구, 농기구 등이 청동 도끼와 함께 출현한다. 부여는 목축업의 발달로 이처럼 우수한 전투력을 갖출 수 있었다. "부여는 부유하고 선조 이래 다른 나라에 패한 적이 없다."라고 한 『삼국지』 부여조의 기록은 바로 부여의 높은 경제력과 군사력을 말해 준다.

그러나 부여 사회는 아직 국가권력이 강하지 못하고 토착 세력의 힘이 강했기 때문에 통치자들은 점술을 통해 지역 주민들을 통합하고 위무했다. 부여에서는 전쟁이 터졌을 때 천신제를 지내고, 소를 죽여 그 발굽이 붙거나 벌어진 것을 보고 길흉을 점쳤다고 하는데 이를 우제점법이라 한다. 부여의 통치자들은 '소의 발굽이 갈라지면 흉하고, 합쳐지면 길한 징조로 여겼다.' 이는 전쟁을 승리로 이끌기 위해 동물의 신체적 특징을 이용한 예로 볼 수 있다. 점복은 원래 개인적인 구복에서 시작했지만, 집단이 형성되고 지배자가 나타난 뒤에는 이처럼 집단을 이끄는 데 이용되기도 했다. 부여의 우제점법은 중국 상나라의 갑골점법과 성격이 같은 것으로, 흉노는 물론이고 고구려와 삼한 등 북방 및 동북아시아 일대에서 보편적인 관습으로 행해졌다.

한편『삼국지』위서 동이전 부여조를 보면 부여에 적어도 다음과 같은 법률이 있었음을 알 수 있다.

- 살인자는 사형에 처하고 그 가족을 노비로 삼는다.
- 도둑질한 자는 그 물건의 열두 배를 배상한다.
- 간음한 자는 사형에 처한다.
- 부녀자로서 간음하고 투기한 자는 모두 극형에 처하고, 그 시체를 서울 남쪽 산 위에 버려 썩게 한다. 다만 그 여자의 집에서 시체를 가져가려고 할 때는 소나 말을 바쳐야 한다.

사람들의 성품이 온후해 평화로웠다는 부여에서 형벌이 가혹했던 것은 공동체의 원리를 철저히 지키기 위해서였던 것으로 보인다. 이는 마치 사유재산 제도가 형성되기 시작한 사회의 절도 관련 규율이 엄한 것과 같은 이치로, 지배계급이 피지배계급의 이익에 배치되는 새로운 제도를 창설할 때 만들어내는 보편적 사상이었다. '하나를 훔치면 열두 배로 갚아야 한다.'는 조항은 위서 형벌지에 '공공 기관의 물건을 훔친 자는 이를 다섯 배로 갚아야 하고 개인의 물건은 열 배로 갚아야 한다.'

는 것과 같은 개념으로, 재산 관념이 명백하지 않은 유목 경제 시대의 법속이 반영된 것이다. 그밖에 살인과 상해에 대한 처벌은 공동체의 구성원인 각 개인의 생명과 노동력에 대한 존중을 보여준다. 부여의 경제는 주로 기본 생산 대중인 노예와 하호들에 대한 착취와 정복민인 읍루족에 대한 가혹한 수탈에 토대를 두고 있었다.

부여에서는 여름에 사람이 죽으면 모두 얼음을 넣어 장사지냈다. 지배 계급에 속하는 사람이 죽었을 때는 사람을 죽여서 순장을 하는데 많을 때는 100명가량이나 되었다고 한다. 부여에 노예가 존재했음을 말해주는 순장 풍습은 3세기 전반 부여 사회에 공동체적 유대가 잔존하면서도 다른 한편으로는 왕권이 점차 강화되어가는 추세였음을 보여준다.

부여인들은 흰색을 숭상해 흰옷을 즐겨 입었다. 상의와 겉옷바지를 입고 가죽신을 신었으며, 대인大人들이 회의나 국외로 나갈 때에는 비단으로 수를 놓은 찬란한 비단옷을 입었다. 상복도 남녀 모두 흰옷을 입었다. 북방의 추운 지역인 만큼 귀족들은 옷 위에 여우나 이리, 담비 등 북방산 모직물로 만든 덧옷을 입고 금은으로 장식한 모자를 썼다고 한다. 직물 생산과 제조업이 전문화되어 있었으며, 높은 수준의 수공업과 함께 연금술이 존재했다.

우리 역사상 첫 국가 고조선과 두 번째 국가 부여는 한국 고대 국가의 발전 과정에서 우리 민족이 품으려고 노력한 중국의 동북지방, 즉 요령성과 길림성, 흑룡강성 지역의 상당 부분을 차지했다. 두 나라의 전성기에는 서쪽에서 돌진해오는 중국 세력과 북방의 유목 민족, 그리고 남쪽에서 성장하던 고구려와 세력 경쟁을 벌이며 중국 동북지방의 역사를 주도해 나갔다. 만주 일대를 중심 무대로 고대국가를 이끌어 나갔던 고조선과 부여 역사에 대한 관심은 조선시대 만주 중심의 역사관을 가진 학자들에 의해 다시 부각되었다. 특히 일제시기를 거치면서 신채호가 일련의 저작을 통해 우리가 부여족의 후손이고 부여족이 처음으로 세운 국가가 단군조선임을 부각시켰다. 이후로는 우리 민족과 국가가 위기에 처하거나 어려움에 처했을 때 고조선사와 부여사가 다시 주목받게 되었다. 이처럼 만주 지역의 역사에 대한 관심이 지속되는 이유는 부여가 우리의 직접 조상이 되었던 나라이자, 우리 민족의 원류라는 인식이 오래전부터 있어 왔기 때문이다. 그런 면에서 고조선사와 부여사는 한국 고대국가의 성장 방향을 제시하고 있다.

2

신라의 여왕 출현,
어떻게 가능했나

강종훈

대구가톨릭대학교 역사교육과 교수. 서울대학교 국사학과에서 박사학위를 받았다. 주요 저서로 『신라상고사연구』 『아! 그렇구나 우리 역사』(공저) 『미래를 여는 한국의 역사』(공저) 등이 있고, 주요 논문으로 「울진봉평신라비의 재검토」 「『삼국사기』 백제본기의 사료 계통과 그 성격」 등이 있다.

『삼국사기』를 펼쳐 보면, 신라에는 선덕왕이라는 이름의 왕이 두 명 있었던 것으로 나온다. 부친인 진평왕의 뒤를 이어 632년에 즉위하여 647년에 사망한 선덕왕善德王과 780년 혜공왕의 피살을 계기로 왕위에 올라 785년에 죽은 선덕왕宣德王이 그들이다. 첫 글자가 한자로는 다른데 한글로 음이 같기 때문에 많은 사람들이 혼동하곤 한다. 그래서 교과서나 개설서 등에서는 흔히 전자를 선덕여왕이라고 하고 후자를 선덕왕이라고 하여 구별하고 있다.

두 명의 선덕왕은 모두 신라사에 중요한 획을 그은 왕이다. 선덕여왕은 신라 역사상 처음 여성으로서 왕이 된 인물이며, 선덕왕은 삼국 통일을 성취한 태종무열왕과 문무왕 이후 한 세기 이상 그 직계 혈통으로 이어지던 중대 왕실을 끝내고 하대의 시작을 알린 인물이라는 점에서 그러하다. 둘 가운데 일반인들에게 더 널리 알려져 있고, 더 많은 흥미와 관심을 불러일으키는 인물은 아마도 전자인 선덕여왕일 것이다. 몇 해 전 큰 인기를 끌었던 드라마 「선덕여왕」 덕분에 남자 선덕왕은 잘 몰라도 선덕여왕에 대해서는 더 잘 알고 더 친숙하게 느끼는 것이 아닐까 싶다.

여왕 즉위를
둘러싼 의문들

선덕여왕은 많은 사람들에게 잘 알려진 것처럼 보이지만 실제로는 그녀를 둘러싼 많은 궁금증이 존재한다. 무엇보다도 그녀가 어떻게 최초의 여왕으로 등장하게 되었을까가 미스터리의 핵심이다. 이에 대해서는 전 왕인 진평왕에게 아들이 없어 딸이 왕위에 오른 것이라고 생각할 수도 있다. 그렇지만 이전의 신라 역사를 살펴보면, 왕위를 이을 아들이 없거나 아들이 왕위에 오르기 마땅치 않을 경우에는 딸이 아니라 사위에게 왕위가 넘어갔다. 일례로 석씨 왕인 조분왕은 전 왕인 내해왕의 사위로서 왕위를 계승하였고, 김씨로서 처음 왕위에 오른 미추왕은 조분왕의 사위였다. 김씨 왕인 내물왕과 실성왕은 모두 미추왕의 사위로서 왕이 된 인물이다.

물론 선덕여왕이 결혼을 하지 않아 남편이 없었을 가능성도 고려해볼 수 있지만 『삼국유사』 왕력편에는 그녀에게 음갈문왕이라는 배필이 있었던 것으로 나타난다. 그에 관한 구체적인 기록은 없지만, 선덕여왕이 일부러 혼인하지 않았을 까닭은 없기 때문에 그녀에게 남편이 있었다는 『삼국유사』의 기술은 받아들여야 옳다. 그렇다면 진평왕의 뒤를

선덕여왕 초상

일연의 『삼국유사』에서는
선덕여왕이 이례적인 즉위를 하게 된 배경이
'성골 남자가 다 없어진 까닭'이라고 썼다.
그렇다면 대체 성골은 어떤 사람들인가?

이어 왕이 되었어야 할 인물은 관례상 선덕여왕이 아니라 갈문왕의 지위를 가진 그녀의 남편이었다고 해야 맞을 것이다.

『삼국유사』에서는 선덕여왕이 이처럼 이례적인 즉위를 하게 된 배경에 대해 "성골 남자가 다 없어진 까닭에 여왕이 섰다."라고 썼다. 이는 신라에는 왕위를 계승할 신분으로 '성골'이 있는데, 그에 해당하는 남성이 사라져서 여성이지만 성골 신분을 지닌 선덕여왕이 왕위에 올랐다는 이야기로 해석된다. 그렇다면 성골이란 대체 어떤 범위의 사람들을 포괄하는지가 새로운 문제가 된다.

신라의 신분제도 하면 골품제가 떠오르기 마련이다. 골품이란 상위 신분으로서의 골(骨)과 6두품 이하의 두품 신분으로 구성된 품(品)을 합친 말이다. 골에는 성골 외에 진골이 포함되며, 골의 뜻이 뼈라는 점에서 상위 신분의 결정적 구성 요소는 다름 아닌 혈통임을 파악할 수 있다. 결국 성스러운 혈통을 가진 집단이 성골이 되고, 참된 혈통을 가진 집단은 진골이 되는 셈이다.

진골을 지칭하는 참된 혈통이란 무엇을 의미하는 것일까? 아마도 왕실의 시조로부터 혈통을 이어온 사람들 가운데 부계와 모계에 아무런 하자가 없을 경우 참된 혈통의 소유자로 인정받았을 것이다. 또 참된 혈통을 잇기 위해 그들과 6두품 이하 신분의 혼인은 금지되었을 것이다. 설혹 사적인 결합을 통해서 6두품 이하 신분의 피가 섞인 자식이 태어나더라도 그는 참된 혈통으로 대우받지 못했을 가능성이 높다. 『삼국사기』 등에 뚜렷하게 드러나듯, 신라 왕실에서 삼촌과 조카 혹은 사촌들 사이에 근친혼이 많았던 것은 결국 참된 혈통을 지키겠다는 집단적 의

지의 표현이었다.

　시조부터 이어온 참된 혈통인 진골보다 더 높은 위치에 성골이라는 신분이 따로 존재했다면, 성골은 진골과 근본적으로 어떤 점에서 차이가 났을까? 성골을 왕이 될 자격을 갖춘 신분이라고 규정한다면, 그 자격은 도대체 어디에서 생긴 것이며, 언제부터 성골과 진골의 구분이 확연해졌던 것일까?

　고려시대에 김부식이 편찬한 『삼국사기』에는 진덕여왕까지가 성골이었고 태종무열왕부터는 진골이었다고 되어 있다.[1] 즉 신라 시조 혁거세로부터 선덕여왕의 뒤를 이어 왕위에 올랐던 진덕여왕까지 총 28명의 신라 왕이 모두 성골 신분이었고, 29대 무열왕 김춘추부터 마지막 왕 경순왕까지는 전부 진골 신분이었다는 말이다. 성골 신분은 신라 역사의 시작부터 등장하여 긴 시간 존속하다가 선덕과 진덕, 두 여왕을 끝으로 사라졌다는 것인데, 과연 이런 인식은 사실에 얼마나 가까울까?

　물론 『삼국사기』에 그렇게 실려 있으니 그렇게 믿어야 한다는 생각도 있을 수 있다. 그러나 김부식이 살던 시대는 선덕여왕의 시대보다 500년이나 지난 시기이고, 그가 접했던 자료도 매우 부족했기 때문에 그의 인식이 역사적 사실을 그대로 반영할 것이라고 단언하기는 힘들다. 신라 초기의 역사에 대해 잘 모르기는 우리나 김부식이나 별반 다를 게 없다. 김부식이 성골의 출현 시기를 모른 채 성골의 단절 관련 기록만을 접하고서, 성골이 신라 초창기부터 존재했다고 오해했을 가능성을 배제할 수 없다는 것이다.

　그 가능성의 성립 여부를 따져보기 위해 김부식의 말처럼 혁거세부터 진덕에 이르는 모든 왕들이 성골 출신이었다고 가정해 보자. 이 경우 성골의 범위는 혁거세 이후 박씨, 석씨, 김씨 왕실을 거치며 세대가 거듭될수록 넓어졌을까, 아니면 좁아졌을까? 물론 왕실 내 근친혼이 성행했던 신라 사회에서 성골의 범위가 급속도로 넓어질 수는 없었겠지만 좁아질 수는 당연히 없다. 당시에 의도적으로 산아제한을 했을 리는 만무하므로 성골 구성원의 수는 장기간에 걸쳐 누적되었을 것이고, 따라서 어느 한순간 갑작스러운 소멸을 맞이할 정도로 줄어들었을 가능성은 거의 없다고 보아야 한다. 선덕여왕이 즉위할 때 성골 남성이 모두 사라졌다는 것이 사실이라면 이는 성골로 칭해지는 집단의 범위가 매우 협소했음을 시사하는 것인바, 성골의 출현 시점도 당연히 선덕여왕을 기점으로 십수 세대 이상 멀리 소급되기는 어렵다.

성골 개념에 대해 좀더 많은 시사점을 제공하는 것은 진골로서 처음 왕위에 올랐다는 태종무열왕 김춘추의 계보이다. 『삼국사기』와 『삼국유사』 등에 의하면 김춘추는 이찬 용춘(또는 용수)의 아들로 어머니는 진평왕의 딸인 천명부인이며, 할아버지는 진평왕 직전에 진흥왕의 뒤를 이어 왕위에 올랐다가 폐위된 진지왕이다. 부계와 모계 모두 할아버지가 신라 왕을 지냈고, 어머니인 천명부인은 선덕여왕과 자매 사이였던 것이다. 따라서 신라 초기부터 성골이 존재했다면 그가 성골 신분에서 제외되어야 할 이유는 없다. 할아버지인 진지왕이 폐위를 당했으므로 아버지인 용춘이 성골 신분에서 떨어져 진골이 되었을 것이라는 추측도 가능하나 용춘은 진평왕의 딸로서 성골 신분이었을 것이 확실한 천명을 부인으로 두었기 때문에, 진지왕의 폐위가 곧바로 자손들의 신분 하락을 초래했을 가능성은 높지 않다. 그러므로 김춘추가 성골이 아닌 진골로 인식되었다는 사실은 성골과 진골의 구분이라는 것이 그와 선덕여왕을 기준으로 불과 몇 세대 전에서 비롯되었을 가능성을 암시한다.

이런 연유로 학계에서는 성골이 신라 초창기부터 존재한 것이 아니라 진평왕 대에 이르러 새로이 만들어진 좁은 범위의 혈족 집단을 가리키는 것으로 보는 견해가 수차례 제기되어 왔다. 그중 대표적인 견해가 진흥왕의 큰아들이자 진평왕의 아버지인 동륜태자의 혈통을 부계 쪽으로 잇는 자만이 신라의 왕위를 계승할 권리를 갖는다는 인식이 성골을 탄생시켰다는 주장이다.[2] 진평왕의 딸인 선덕여왕과, 진평왕의 동생 국반 갈문왕의 딸인 진덕여왕은 성골이 된 반면, 부계의 측면에서 동륜태자가 아닌 진지왕의 혈통을 계승한 김춘추가 진골이 된 연유는 바로 여기에 있다.

성골의 출현 시기를 진평왕 대로 늦추어 잡으면, 성골이 조기에 소멸하게 된 배경도 자연스럽게 설명할 수 있다. 일반적으로 좁은 범위의 혈족 집단의 경우, 혈통의 순수성을 유지하고자 해도 쉽게 이룰 수 없을 때가 많다. 특히 남자로 이어지는 부계 혈통을 고집하면 그 가능성은 현저히 낮아진다. 조선 후기에는 가문의 대가 끊어지지 않게 하려고 부계 혈통을 공유한 친족을 양자로 입적시키는 사례가 비일비재했는데, 이를 보아도 부계 혈통의 순수성을 유지하기가 얼마나 어려운지를 알 수 있다. 배타적이고 폐쇄적인 속성을 지닌 성골이 생겨나자마자 곧 사라지게 된 것은 어쩌면 당연한 결과였는지도 모른다.

진평왕 대의
석가족 관념과 성골

선덕여왕은 아버지 진평왕 대부터 고양된 성골 관념에 힘입어 신라 최초의 여왕으로 등극했다. 그녀가 죽고 왕위를 이은 진덕여왕 역시 성골 관념이 뒷받침되었기에 즉위할 수 있었다. 그러면 성골 관념은 왜 하필 진평왕 대에 부각됐던 것일까? 진평왕은 진흥왕의 맏아들로 진흥왕 재위 연간에 요절한 동륜태자의 장남이다. 579년 숙부인 진지왕이 '정치가 어지럽고 음란하다'는 이유로 폐위되면서 어린 나이에 왕이 되었으며, 632년에 사망하기까지 햇수로 54년을 재위하였다. 『삼국사기』와 『삼국유사』 등에는 그의 이름이 백정이라고 전하며, 왕비는 마야부인이었다고 한다. 그의 동생들로는 백반과 국반이 있었는데, 후자는 진덕여왕의 아버지다.

흥미로운 사실은 진평왕의 이름인 백정이 석가모니의 부친인 정반왕의 다른 이름 백정왕과 같다는 것이다. 왕비인 마야부인은 석가모니의 생모와 이름이 같고, 동생인 백반과 국반 또한 석가모니 숙부들의 이름이다.[3] 어떻게 이런 일이 생겼을까? 이는 진평왕 일족이 스스로를 인도 석가모니 일족의 환생이라고 주장하기 위해 의도적으로 꾸며낸 것이다. 즉 진평왕 자신과 그의 왕비, 그의 동생들은 신라에 다시 태어난 석가족의 일원이므로 여타 진골과는 다른 성스러운 혈통을 지닌다는 주장이다. 이로부터 성골은 신성한 석가족의 혈통을 지닌 인물들에 국한되며, 그들의 하자 없는 자손에게만 성골의 지위가 이어진다는 사고가 생겨났을 것이다. 결국 성골이란 신라 역사 초기부터 존재한 것이 아니라,

진평왕 대에 불교를 통해 왕실의 권위를 끌어올리는 시도의 하나로 만들어진 것이며 애초에 진골과 위상 차이가 없었다고 정리할 수 있다.

성골이 불교와 직접적으로 관련됨은 '성聖'이라는 글자 자체에서 어느 정도 추론이 가능하다. 불교를 믿는 나라에서 부처를 '성'으로 표현하는 것은 지극히 당연한 일이다.[4] 성법을 일으킨 왕이라는 의미의 왕명 법흥왕法興王은 왕이 죽은 후에 붙여진 시호로 알려져 있지만, 사실 법흥왕은 생전에 이미 그렇게 불렸다. 법흥왕의 재위 시기인 535년에 작성된 울주 천전리각석의 을묘명에 적힌 '성법흥대왕'이라는 표현에서 그 사실을 확인할 수 있다. 여기서 불교를 성스러운 법, 즉 성법聖法이라고 쓰고 있으므로 성골의 '성' 역시 불교적 관념이 반영된 것이었을 가능성이 높다.[5]

신라 왕실을 드높인
인도의 전륜성왕

불교를 통해 왕권을 강화하고 왕실의 권위를 높이려는 시도는 법흥왕 대 불교 공인 과정에서부터 이미 이루어졌다. 불교 공인 자체가 왕권을 강화하려는 의도에서 출발한 것이었고, 공인을 통해 왕권이 초월적 지위로 성장했다는 것도 널리 알려진 바와 같다.[6] 법흥왕의 뒤를 이은 진흥왕 대에는 불교의 전륜성왕 설화를 이용하여 왕권을 수식하는 데까지 나아가게 되는데, 전륜성왕이란 정법의 수레바퀴를 굴려 세상을 통치하는 이상적인 제왕을 가리킨다. 불교 경전에 따르면 금륜, 은륜, 동륜, 철륜의 네 왕이 있으며, 가장 먼저 철륜왕이 출현하여 세계의 중심인 수미산의 남쪽 대륙 남염부주를 다스리고, 그 뒤를 이어 동륜왕과 은륜왕이 차례로 나타나 두 개와 세 개의 대륙을 다스린 뒤, 마지막으로 금륜왕이 등장하여 동서남북 네 개의 대륙 즉 천하 사방을 통치한다고 한다.

진흥왕의 맏아들 이름이 동륜이었다는 것은 결국 진흥왕이 자신의 아들을 전륜성왕 가운데 하나로 선전했음을 뜻하는 것이다. 게다가 진흥왕의 둘째 아들인, 진지왕의 이름 역시 금륜으로 전하는바[7] 진흥왕은 자식들의 이름을 전륜성왕의 이름으로 꾸며서 왕실의 권위를 높이고 왕권의 초월성을 드러내고자 한 것이다. 여기서 더 생각해 볼 것은 맏아들이 동륜, 둘째 아들이 금륜이라고 불렸다는 사실이다. 금륜과 동륜 외에 은륜의 존재는 『삼국사기』나 『삼국유사』 등에서 확인되지 않는데, 장성하지 못하고 유년기에 사망한 아들 가운데 은륜이 있었을 가능성도 고려해 볼 수 있다.

불교 경전에 보이는 전륜성왕의 출현 순서를 감안할 때, 가장 먼저 태어난 큰아들을 동륜이라고 명한 것은 어떻게 봐야 할까? 그 경우 전륜성왕 가운데 동륜왕에 앞서 출현하는 것으로 되어 있는 철륜왕은 과연 누구라는 말일까? 이에 대해서는 두 가지의 가능성을 생각해 볼 수 있다. 첫째는 고대 인도의 대부분을 통일하고 불교를 전파하는 데 큰 역할을 했던 마우리아 왕조의 아소카왕이 불교계에서 전륜성왕 가운데 첫 번째로 나타난 철륜왕으로 인식되었기 때문에, 신라에서는 이미 인도에서 모습을 드러낸 철륜왕의 뒤를 이어 동륜왕부터 출현하는 것으로 설

아소카왕 석주와 전륜성왕

진흥왕은 불교를 통해 왕권을 강화하고
왕실의 권위를 높이는 과정에서
불교의 이상적인 제왕인 전륜성왕 설화를 이용해
왕권을 수식하는 단계까지 나아갔다.

정할 수밖에 없었을 가능성이다.

두 번째로는 진흥왕이 스스로를 철륜왕으로 비정했을 가능성을 고려해 볼 수 있는데, 진흥왕의 재위 기간에 신라의 영토가 비약적으로 확대되었음을 상기한다면[8] 그가 자신을 아소카왕에 비견되는 군주라고 생각했을 것임은 추측하기 어렵지 않다. 아울러 진흥왕은 신라 최대의 사찰인 황룡사를 창건하고, 그 금당에 황철로 주조하고 황금을 입힌 약 5미터 높이의 거대한 장육존상을 안치했으며, 불교를 국가적으로 장려하고 발전시켰다. 정복 군주이면서 불교 확산의 업적을 이룬 왕으로서 스스로 아소카왕에 못지않다고 자부했을 그가 신라에 처음 출현한 전륜성왕, 즉 철륜왕으로 자임했을 가능성은 결코 낮지 않다. 실제로 『삼국유사』에 그와 아소카왕의 관계를 암시하는 설화가 전해진다. 여기에 따르면 인도의 아소카왕이 장육존상을 주조하려다 뜻을 이루지 못하고, 재료가 될 황금과 황철을 배에 실어 보내 인연이 있는 곳에서 조성되기를 염원했는데 진흥왕이 이를 취하여 황룡사에 조성한 것이라고 한다.[9] 인도 철륜왕의 소원을 신라 철륜왕이 성취한 셈이다.

진흥왕 대 철륜왕 관념이 어떤 형태로 나타났을지 확실하게 보여주는 사료가 남아 있지 않아 현재로서는 위의 두 가지 가능성 가운데 어느 것이 옳은지 단정할 수 없다. 하지만 분명한 것은 이 무렵 신라 지배층 사이에 전륜성왕 관념이 확산되고 있었으며, 그 결과 진흥왕의 두 아들에게 전륜성왕의 이름이 붙여졌다는 사실이다. 진흥왕은 자신의 뒤를 이어 왕위에 오를 아들들의 시대는 불교의 이상 군주 전륜성왕의 시대가 될 것임을 선포한 셈이다.

황룡사 복원도(위)와 장육존상 터(아래)

진흥왕은 수차례의 정복전쟁을 통해
영토를 넓히고 황룡사 창건 등 불교 중흥까지 이루었다.
어쩌면 그는 스스로를 인도 아소카왕에 비견되는
군주라고 생각했을 것이다.

그러면 실제 신라의 역사는 어떻게 전개되었을까? 불행하게도 진흥왕의 기대는 이루어지지 않았다. 진흥왕 27년 태자로 책봉되었던 맏아들 동륜은 6년 후인 진흥왕 33년에 사망하고 말았다. 동륜왕의 시대는 아예 오지도 못하고 허무하게 사라진 것이었다. 둘째 아들 금륜(진지왕)이 진흥왕의 뒤를 이어 왕위에 올랐지만, 재위 4년째인 579년에 '정치가 어지럽고 음란하다'는 이유로 폐위되는 비운을 맞았다. 네 전륜성왕의 시대 가운데 가장 완전해야 할 금륜왕의 시대가 지배층 내부의 혼란과 갈등만을 빚어낸 채 참담하게 막을 내린 것이다.

　진지왕을 대신해 왕이 된 진평왕은 전륜성왕 관념으로는 더이상 왕실의 위상을 높일 수 없음을 깨달았을 것이다. 그러나 불교를 통해 왕권을 강화할 필요성은 여전했고, 그가 찾아낸 대안은 자신의 가족이 석가족의 환생임을 주장하여 초월할 수 없는 신성성을 지님을 강조하는 것이었다.

　진평왕이 출생 직후부터 석가모니 부친의 이름과 같은 백정이라는 이름을 가졌다고는 보기는 어렵다. 이는 부인의 이름이 애초에 마야였을 리는 없기 때문인데, 아마도 두 사람이 혼인한 때를 전후하여 백정과 마야라는 이름을 사용하지 않았을까 추정한다. 진평왕의 동생들 이름이 석가모니의 삼촌들 이름을 딴 것 역시 그와 짝하여 이루어졌을 것이다.

　이로써 진평왕이 내세운 석가족 관념이 전륜성왕 관념을 대신하여 왕실을 중심으로 퍼져나가게 되었다. 그리고 진평왕과 그 아우들의 피를 이어받은 자들, 궁극적으로는 동륜태자의 후손들이 성스러운 혈통을 잇는다는 인식이 자리 잡게 되면서, 진골보다 지위가 높은 성골이라는 신분이 출현하게 되었다. 진평왕의 딸 선덕여왕은 바로 그런 성골 관념의 확산에 힘입어 신라 최초의 여왕으로 등장할 수 있었던 것이다.

덕만, 중생을 구하기 위해
여성의 몸을 취한 자

성골 관념이 확산되는 과정에서 한 가지 딜레마가 떠올랐다. 석가모니의 부모로 꾸며진 진평왕과 그의 왕비 마야부인 사이에서 아들이 태어나면 어떻게 되는가가 문제의 핵심이었다. 만약 아들이 태어난다면 석가모니가 환생한 것으로 보고 석가모니의 원래 이름인 싯다르타 정도의 이름이 붙여졌을 것이다.[10] 문제는 싯다르타, 즉 석가모니는 깨달음을 얻어 부처가 된 존재이고, 부처가 되면 윤회환생의 굴레에서 벗어나 다시 태어날 수 없다는 것이다. 다시 말해 진평왕과 마야부인이 아들을 낳아 싯다르타라고 이름 붙이고 석가모니의 환생임을 주장하는 것은 불교의 근본 교리를 무너뜨리는 자가당착이며, 신라 왕실의 석가족 관념이 허구임을 입증하는 결과를 초래할 수밖에 없다.

그럼에도 불구하고 진평왕은 싯다르타라고 이름 붙일 아들의 탄생을 바랐겠지만, 불행인지 다행인지 마야부인은 아들을 낳지 못했다. 대신 딸들을 낳았으니 훗날 선덕여왕이 되는 덕만과 무열왕 김춘추의 어머니인 천명이 그들이다. 이 가운데 덕만은 『열반경』에 나오는 덕만우바이에서 따온 명칭으로 여겨지는데, 덕만우바이는 본래 남자의 몸으로 태어나기로 되어 있었으나 중생 제도를 위해 여자의 몸을 취한 존재로 묘사되어 있다. 즉 덕만은 비록 여자이나 석가모니처럼 깨달음을 얻고 중생을 구제할 인물이니, 덕만이라는 이름을 가진 진평왕의 공주가 신라의 다음 왕으로 손색이 없다는 주장이 나올 수 있었던 것이다.

선덕여왕이 왕위에 오른 데에는 주변 나라의 사정도 어느 정도 영향을 끼쳤을 것으로 보인다. 바다 건너 일본에서는 진평왕 재위 초반에 해당하는 592년에 스이코천황이 야마토정권 역사상 최초로 여왕으로서 왕위에 올라 진평왕 후반인 628년까지 재위하였다. 일본열도 전체를 놓고 보면, 3세기에 이미 히미코와 그의 종녀宗女 이요가 야마타이국을 다스린 적이 있어 여왕의 즉위가 처음이라고 할 수는 없지만, 여하튼 남성이 줄곧 왕위를 독점해오던 야마토정권에서 여왕이 불쑥 출현했다는 것은 내외에 충격을 던질 만한 것이었다. 신라의 진평왕도 여기에 자극을 받아 덕만에게 왕위를 물려줄 결심을 굳혔을 가능성이 높다.

물론 신라에서 여왕이 출현하기까지 진통이 전혀 없었던 것은 아니다. 진평왕이 사망하기 1년 전인 631년에 이찬 칠숙과 아찬 석품이 반란을 일으켰다가 실패한 사건이 있었는데, 이는 선덕여왕이 즉위할 것에 대한 반발이 미리 터진 것으로 이해된다. 이는 진평왕이 석가족 관념을 바탕으로 성골의 독점적 왕위 계승의 정당성을 세뇌하려 했음에도, 그런 선전에 호응하지 않는 세력이 의연히 존재하고 있었음을 보여주는 사례라고 할 수 있다.

스이코천황 초상

선덕여왕이 즉위하기 40년 전,
바다 건너 일본에서
야마토정권 역사상 최초의 여왕인
스이코천황이 즉위했다.

조롱과 멸시로 얼룩진
여왕의 시대

선덕여왕의 재위기는 국난의
연속이었다. 특히 인접 국가인 백제의 침략이 거셌다. 554년 백제 성왕
이 관산성 부근에서 매복한 신라 군사에게 붙잡혀 목숨을 잃은 후 백제
는 신라를 불구대천의 원수로 여기게 되었고, 7세기 들어 무왕이 즉위한
뒤부터는 신라에 대한 대규모 공격을 집요하게 이어갔다. 무왕의 뒤를
이어 즉위한 의자왕은 642년 낙동강 서쪽의 신라군 거점 대야성을 함락
시키고 낙동강을 경계로 신라와 대치하는 상황을 만들어냈다. 백제군이
낙동강을 건너 창녕, 청도 방면으로 진입하거나 금호강을 따라 대구, 경
산, 영천 방면을 돌파할 경우 신라의 수도인 경주 지역이 공략당할 수도
있었다.

풍전등화의 위기에 몰린 선덕여왕은 고구려와 당에 차례로 사신을
보내 구원을 청하였으나 고구려로부터는 진흥왕 때 차지한 한강 유역부
터 내놓으라는 으름장이 돌아왔고, 당 태종으로부터는 "너희 나라는 아
녀자를 임금으로 삼아 이웃 나라의 멸시를 받는 것이니, 내가 왕족 중 한
사람을 보내 너희 나라의 왕으로 삼으면 어떻겠는가?"라는 조롱을 받았
다. 선덕여왕은 위기를 극복하기 위해 당에서 유학하고 돌아온 승려 자
장의 건의에 따라 황룡사에 9층 목탑을 세우고 호국 의지를 불태웠다.
하지만 647년 1월 상대등 비담과 염종이 "여자 왕은 나라를 잘 다스릴
수 없다."라는 구호를 내세우며 일으킨 반란 중에 선덕여왕은 숨을 거두
고 만다.

선덕여왕의 뒤를 이어 사촌 여동생인 승만이 즉위하니, 그가 바로 진덕여왕이다. 승만이라는 이름도 『승만경』의 주인공 승만부인에게서 따온 것으로, 승만부인은 석가모니로부터 장차 성불하여 보광여래가 될 것이라는 수기를 받은 여성이다. 결국 진덕여왕의 즉위도 선덕여왕처럼 석가족 관념과 그에 바탕을 둔 성골 관념을 배경으로 이루어진 것이라고 할 수 있다. 당 태종에게서 받은 조롱을 새기고 있었을 귀족회의의 수장 비담 등은 병중에 있던 선덕여왕의 뒤를 이을 후계자로 승만이 지목된 것을 받아들일 수 없었을 것이다. 그들이 여왕을 지지하는 왕당파와 결전을 치르게 된 사건이 바로 비담의 난이다.[11]

두 여왕의 즉위는 성골 관념에 힘입은 것이지만, 후사를 두지 못한 그녀들의 죽음으로 성골은 자연스럽게 소멸했다. 결국 성골 관념의 수호를 표방했던 왕당파 김춘추가 김유신의 지원을 받아 왕위에 오르면서 진평왕−선덕여왕−진덕여왕으로 이어진 성골의 시대는 짧게 마감되었다. 이후 무열왕 김춘추는 불교적 관념을 통해 왕권을 수식하고 강화하는 대신, 중국 문물을 적극적으로 수용하여 충효 사상으로 대표되는 유교 윤리를 새로운 통치 이념으로 내세운다.[12]

선덕여왕은 진흥왕 이후 신라 지배층에 불교가 깊숙이 뿌리내리는 과정에서 왕이 되었다. 그녀 스스로 왕이 되고자 했다기보다는 시대 상황이 그녀를 왕으로 만들었다. 그녀는 불교로 나라를 경영하던 시기의 대표 아이콘이었으며, 성골 관념의 수혜자였다. 그렇지만 여성으로 처음 왕위에 올랐다는 사실은 그녀가 안팎으로 많은 반발과 도전에 직면하게 된 이유이기도 했다.

지기삼사知幾三事 이야기에 감춰진
여왕의 고뇌

　　　　　　　　　　　『삼국유사』에는 선덕여왕의 지혜를 소재로 한 설화가 전해진다. 당 태종이 붉은색, 자주색, 흰색으로 그린 모란꽃 그림을 보내오자 그림에 나비가 그려져 있지 않은 것을 보고 꽃에 향기가 없을 것을 알아맞혔다는 이야기와 겨울인데도 영묘사 앞 옥문지에 개구리 떼가 모여 사나흘 동안이나 울었다는 이야기를 듣고 여근곡에 백제 병사들이 숨어 있음을 알아차렸다는 이야기, 자신이 죽으면 도리천에 장사 지내라고 하였는데 신하들이 그 의미를 모르고 있다가 훗날 여왕의 능이 들어선 낭산의 기슭에 사천왕사가 창건되면서 그제야 여왕의 신령함에 감복했다는 이야기가 바로 그것이다. 이 설화들은 선덕여왕이 남자 왕 못지않게 총명한 왕이었음을 강조하기 위해 만들어진 것이다. 거꾸로 생각하면 그녀의 치세는 이같은 상징조작이 필요할 정도로 내부적으로는 국가 경영 능력에 대한 불신이, 외부적으로 경시와 비아냥이 끊이지 않던 험난하고 우울한 시대였음을 반영하는 것인지도 모른다.

　　남성 위주의 전근대사회에서 여성이 왕이 되었다는 것은 그 자체로 전통을 무너뜨리는 파격이 된다. 전통의 파괴는 그것을 수호하려는 이들로부터 수많은 도전과 저항을 받기 마련이다. 선덕여왕은 여성으로서 처음 왕이 되었다는 이유로, 같은 능력을 가진 아니 그녀보다 무능한 남자 왕들에 비해서도 부당한 평가를 받았다. 『삼국사기』 편찬의 주도자인 김부식은 선덕여왕 말년조에 특별히 사론을 붙여 다음과 같이 평했다.

선덕여왕은 죽기 전 자신을 도리천에 묻어달라며
무덤 자리로 낭산을 지목했다.
훗날 낭산 기슭에 사천왕사가 창건되면서
사람들은 선덕여왕의 신령한 지혜에 감복했는데,
불교 경전에 따르면 사천왕천 위에 도리천이 있기 때문이다.

경주 보문동에 위치한 선덕여왕릉

하늘의 이치로 말하면 양은 굳세고 음은 부드러우며, 사람으로 말하면 남자는 존귀하고 여자는 비천한데, 어찌 늙은 할멈이 안방에서 나와 나라의 정사를 처리할 수 있겠는가? 신라는 여자를 세워서 왕위에 있게 하였으니, 진실로 어지러운 세상의 일이다. 나라가 망하지 않은 것이 다행이라 하겠다.

앞서 본 당 태종의 조롱과 같은 맥락의 독설이다. 당 태종이 선덕여왕을 조롱한 시점으로부터 채 50년도 되지 않아 당에서도 여황제인 무측천이 등장하여 주周로 나라 이름까지 바꿔가며 천하를 호령하였으니 이것을 역사의 아이러니라고 해야 할까?

대한민국 역사상 최초의 여성 대통령이 탄핵을 당했다. 비선실세의 국정 농단이 폭로된 것을 계기로 상상을 뛰어넘는 실정이 적나라하게 드러났기 때문이다. 무능과 후안무치의 대명사로 오래도록 역사에 남을 것이 분명하지만, 그녀의 몰락이 여성의 정치력 자체에 대한 불신으로 이어지는 것은 바람직하지 않다. 남성 못지않은 능력과 비전을 지닌 여성 정치 지도자는 언제든 나타날 수 있고, 그런 지도자가 나올 환경을 만드는 것이 앞으로 우리가 해야 할 일이다.

3

연개소문과 김춘추, 국운을 바꾼 선택

임기환

서울교육대학교 사회과교육과 교수. 경희대학교 사학과에서 박사학위를 받았다. 주요 저서로 『고구려 정치사 연구』 『우리 역사 속 왜』(공저) 『동북아시아 선사 및 고대사 연구의 방향』(공저) 『온달, 바보가 된 고구려 귀족』(공저) 『부여사와 그 주변』(공저) 『고구려 왕릉 연구』(공저) 등이 있고, 주요 논문으로 「고구려 왕호의 변천과 성격」 「남북조기 한중 책봉·조공 관계의 성격」 등이 있다.

7세기는 한국사는 물론 동아시아사에도 가장 큰 변혁기의 하나이다. 중국에서는 수·당이라는 통일 제국의 등장으로 동아시아 국제 질서가 재편되는 계기가 마련되었고, 한반도에서는 삼국 간에 치열한 상쟁이 거듭되면서 삼국시대에서 남북국시대로의 역사적 이행이 이루어졌다.

이 과정에서 고구려와 수·당의 전쟁, 660년 백제 멸망과 668년 고구려 멸망, 신라의 존립을 둘러싼 나당전쟁이 이어지면서 한반도와 만주 일대에는 엄청난 군사적 압력과 함께 전쟁이 지속되었다. 이런 격랑 속에서 신라와 고구려, 백제가 어떻게 대응했는가를 살펴보면 오늘 우리의 현실에 비추어볼 때 적지 않은 역사적 교훈을 얻을 수 있다.

그런 점에서 수·당의 등장과 삼국 간의 치열한 대립이 한반도를 긴박한 생존 게임으로 몰아넣었을 당시 백제와 고구려는 멸망하고 신라만 나라를 보존하는 데 성공했음에 주목할 필요가 있다. 물론 한 국가의 멸망에는 국내외 환경에 따른 다양한 요인이 작용하므로 여기서 모두 짚어볼 수는 없다. 게다가 한 나라가 감당할 수 없는 외부의 강한 힘은 내부의 사회 모순과 무관하게 언제든지 한 왕조를 패망시킬 수 있다는 점에서 때로는 외부 요인이 더 규정적인 경우도 있다. 한편 백제나 고구려가 멸망에 이를 만큼 내적 모순이 심화되었는지에 대해서도 충분히 검토되지 않았다.

흔히 고구려와 백제 멸망의 주범으로 연개소문과 의자왕을 지목한다. 이들이 당시 양국의 최고 권력자였다는 점에서 그리 틀린 지적은 아니다. 그렇다면 당시 신라를 이끌었던 김춘추는 앞의 두 인물과는 다른 면모를 갖고 있었을까? 고구려 패망과 신라의 생존 사이에는 그런 결과를 낳을 만한 충분한 이유가 있었던 것일까? 격동하는 국제 정세 속에서 두 나라가 어떻게 멸망하고 생존했느냐 하는 것은 우리가 7세기에서 배우게 되는 역사적 교훈의 중요한 대목이 될 것이다. 다만 여기서는 고구려 연개소문과 신라 김춘추를 중심으로 격동기 최고 지배자의 선택이 어떻게 국가의 운명을 갈랐는지에 초점을 맞추어 살펴보고자 한다.

642년 평양성회담, 한반도의 운명을 가르다

642년 겨울, 신라의 김춘추는 고구려를 방문해 그해 정권을 장악한 연개소문과 마주했다. 신라 왕실의 실력자 김춘추가 왜 갑자기 고구려 평양성에 나타난 것일까? 또 그를 맞이한 연개소문은 김춘추의 느닷없는 방문에 어떻게 대응했을까? 642년은 향후 한반도의 운명을 가른 결정적인 해였다. 이때를 기점으로 고구려, 신라, 백제의 입장이 뚜렷하게 갈라졌기 때문이다. 즉위 후 줄곧 신라를 공격해온 백제 의자왕은 642년에 대공세를 취했고, 그 결과 대야성을 포함한 신라 서쪽 40여 성을 함락시켰다. 대야성은 백제의 공격을 방어하는 군사적 요충지라는 점에서 신라가 받은 충격은 무엇보다 컸다. 게다가 김춘추는 백제에 대한 개인적인 복수심을 불태우고 있었다. 대야성이 함락될 때 성주였던 사위 김품석과 딸 고타소가 항복했음에도 비참한 죽임을 당했기 때문이다. 이 소식을 들은 김춘추는 "슬프다, 대장부가 어찌 백제를 멸하지 못하랴." 하고 백제에 대한 복수를 다짐했다고 한다.

김춘추가 고구려행을 자처한 것은 고구려와 평화협정을 맺고 백제와의 전쟁에 전념하기 위해서였다. 그때까지 신라에 결코 우호적이지 않았던 고구려와 외교 협상을 벌인다는 것 자체가 오판이거나 큰 모험일 수 있었기 때문에 그 같은 결정에 대한 신라 내부의 반대도 적지 않았을 것이다. 그럼에도 김춘추는 연개소문의 정변으로 정국이 어수선한 상황이니 자신의 제안이 어느 정도 통할 것이라 판단했던 것 같다. 하지만 연개소문은 신라가 빼앗아간 한강 유역을 돌려주지 않으면 협상할 수 없다며 김춘추의 제의를 거부했다. 이후 김춘추는 감옥에 갇히는 등 굴욕을 겪다가 겨우 고구려에서 벗어났다. 이는 고구려에 대한 김춘추의 적대감을 키우는 계기로 작용했을 것이다.

이듬해인 643년 고구려는 백제와 연합해 신라의 대당 교통로인 당항성을 공격했다. 이 전투는 고구려와 백제가 전개한 실제적인 연합 군사

고구려 도성이었던 평양성에서 나온 석편

의자왕 즉위 후 거세진 백제의 공격에 신음하던
신라의 김춘추는 돌연 고구려 평양성으로 들어간다.
연개소문을 만나 고구려와 평화협정을 맺고
백제와의 싸움에 전념하기 위해서였다.

작전이라는 점에서 삼국 간 국제 관계의 변동을 시사하는 사건이었다.[1] 이후에도 연개소문은 신라에 대해 강경한 입장을 보였다. 644년 신라의 요청으로 당의 사신 상리현장이 중재에 나섰을 때에도 연개소문은 신라가 차지한 옛 고구려 땅을 돌려줄 것을 조건으로 내세워 중재를 거부했다. 이런 정책은 연개소문 개인의 입장이라기보다 영양왕 이래 이어져온 고구려의 대신라 정책과 맥락을 같이 하는 것이었다. 하지만 연개소문 당시의 국제 정세는 영양왕 대의 정세와는 상당한 차이가 있다. 당과의 전쟁이 언제 벌어질지 모르는 상황에서 배후의 신라를 적으로 돌린 연개소문의 대외 정책은 커다란 실책이었다.

평양성회담이 결렬된 후 김춘추는 당으로 건너가 나당 군사동맹을 맺었고 결과적으로 이것이 고구려의 운명을 재촉했다. 연개소문은 왜 김춘추의 평화협정 제의를 거부했을까? 발길을 돌린 김춘추가 당으로 갈 것임을 전혀 예측하지 못했을까? 그는 왜 나당 군사동맹이 맺어진 뒤 백제와의 동맹 체결을 서두르지 않았을까? 현재로서는 이런 의문에 속 시원한 답을 얻을 수는 없다. 다만 연개소문의 정변과 그의 이후 행적이 약간의 실마리가 될 수 있을 것이다.

연개소문 정변의
원인과 의의

642년 10월, 평양성 남쪽 벌판에서 군대의 사열식을 주관하던 연개소문은 행사에 참석한 대신 100여

명을 살해하고 곧장 궁으로 달려가 영류왕을 시해했다. 그리고는 영류왕의 조카인 보장을 왕위에 세우고 스스로 막리지가 되어 정권을 장악했다. 이 정변을 통해서 연개소문은 역사의 전면에 돌연히 등장했다.

연개소문이 고구려 최후의 집권자였음에도 불구하고 그에 대한 국내 기록은 많지 않다. 심지어 『삼국사기』 연개소문 열전조차 대부분 중국측 기록에 의거해 기술된 것이다. 결국 역사에는 연개소문에 대해 부정적인 중국인들의 기록만이 남아 있을 뿐이다. 그러나 다행스럽게도 1923년 중국 뤄양에서 연개소문의 아들 남생과 남산의 묘지墓誌가 발견된 이래로 손자 헌성과 고손 비의 묘지명이 차례로 출토되었다. 고구려 멸망 후 당에서 활동하다가 죽은 그의 아들과 후손들의 묘지 덕분에 다른 기록에서는 볼 수 없던 생생한 정보들이 드러났다.

묘지에 의하면 연개소문 가문의 시조는 샘으로부터 나와서 성씨를 연淵이라고 했다고 한다. 이 이야기는 그들이 물의 정령을 통해 태어난 신성한 혈통이었음을 강조한다. 또 연개소문 집안이 독자적인 출생설화를 가졌음은 그들이 평양 천도 이후에 등장한 신흥 귀족임을 보여준다. 기록에는 연개소문의 할아버지 자유와 아버지 태조가 모두 쇠를 잘 부리고 활을 잘 다루었으며 막리지를 역임했다고 하는데, 이는 그의 가문이 군사적 기반을 토대로 성장했음을 보여준다. 한편 『당서』에는 연개소문의 아버지가 대대로였다고 기록되어 있는데 막리지든 대대로든 모두 고구려 정치 운영에서 가장 높은 자리였다. 결국 연개소문은 여러 대에 걸쳐 권력의 핵심에 있었던 고구려 후기 최고 명문가 출신이었던 것이다.

연남산 묘지명

연남산의 묘지 기록에 따르면
연개소문 가문의 시조는 샘에서 나와
연(淵)으로 성씨를 삼았다고 전한다.

그렇다고 연개소문이 집안 내력에 의존해서만 정변을 일으키고 집권했다고 볼 수는 없다. 『삼국사기』 열전에는 연개소문에 대해 "생김새가 씩씩하고 뛰어났으며 의지와 기개가 커서 작은 것에 얽매이지 않았다."라고 전하고 있다. 또 그에 대해 부정적이었던 『구당서』에도 "수염과 얼굴이 매우 준수하고 형체가 걸출했다."라는 기록이 전한다. 이런 점으로 미루어 볼 때 연개소문은 외양이나 성격에서 나름대로 영웅적인 풍모를 지니고 있었던 모양이다.

그렇다면 최고 명문가 출신의 연개소문이 정변을 일으킨 원인은 무엇일까? 직접적인 계기는 자신을 제거하려는 영류왕과 대신들의 모의를 알았기 때문이다. 하지만 사실 전부터 이들 사이에는 심각한 정치적 대립이 있었다. 『삼국사기』 연개소문 열전에 전하는 일화가 이를 잘 보여준다. 여기에 따르면 동부 대인이었던 아버지가 죽자 아들인 연개소문이 마땅히 대대로 직을 계승해야 했음에도 대신들은 그의 품성이 잔인하다며 이에 반대했다. 그 때문에 연개소문이 머리를 조아려 대신들에게 사죄한 뒤에야 간신히 대대로 자리에 오를 수 있었다. 그러나 영류왕과 대신들은 그후에도 연개소문을 견제하기 위해 그를 천리장성 축조의 책임자로 임명해 중앙 정계에서 몰아내고자 했다.

연개소문과 대신들이 계속 반목했던 이유는 무엇일까? 우선 연개소문 가문이 몇 대에 걸쳐 대대로 직을 독점한 데 대한 다른 귀족 세력의 불만이 한 원인이었을 것이다. 고구려 후기에는 대대로를 중심으로 하는 귀족 연립 체제가 유지되었는데 이 같은 정치체제는 귀족들 간의 세력 균형을 조정하는 역할을 했다. 그런 자리를 연개소문 집안이 독점하게 되니 다른 귀족들의 불만이 커진 것은 당연했다.

영류왕 역시 연개소문 집안의 권력 장악에 불만을 품고 있었다. 영류왕의 형 영양왕은 수와의 전쟁을 이끌면서 위축되었던 왕권을 크게 신장했다. 을지문덕과 더불어 수와의 전쟁을 승리로 이끈 영류왕 또한 왕권 강화를 위해 노력했다. 왕실 입장에서 연개소문 가문은 왕권 강화에 가장 큰 걸림돌이었을 것이다. 영류왕이 다른 귀족들과 손잡고 연개소문을 제거하려 했던 것도 바로 그 때문이다. 정치적으로 고립되어 가던 연개소문은 자신의 지위에 불안을 느끼고 정변을 일으켰다. 연개소문의 정변은 자기 가문의 권력 장악을 지속하기 위해 결행되었던 것이다.

연개소문의 집권이 비정상적인 정변에 의해 이루어졌다는 대목에서 그에 대한 역사적 평가는 칭송과 비난의 양극단을 되풀이해왔다. 일각에서는 신하로서 왕을 죽이고 일인자에 오른 그를 반역자로 비난하는가 하면, 그가 집권기 내내 당의 침략에 당당히 맞서 싸웠다는 점에서 그의 정변을 고구려의 자주성을 지키기 위한 부득이한 결정으로 평가하기도 한다. 그러나 연개소문과 대립했던 영류왕과 다른 귀족들 또한 대외 관계에서는 자주성을 견지했기 때문에 이런 평가는 설득력이 떨어진다.

한편 연개소문은 그의 죽음과 더불어 고구려가 멸망했다는 점에서 국망의 책임을 온통 뒤집어쓰기도 하고, 반대로 큰 뜻을 펼치지 못한 비운의 영웅으로 그려지기도 한다. 이런 평가 중에서 어느 쪽이 옳을까? 극단으로 갈리는 연개소문에 대한 평가는 정변 그 자체보다는 이후의 정치적 행적에서 구해야 할 것이다.

대당 전쟁과
무단 권력의 구축

연개소문에 대한 긍정적인 평가의 이유를 그의 자주적인 대당 정책에서 찾는 이들이 적지 않지만, 사실 연개소문이 처음부터 당에 강경한 자세를 취한 것은 아니다. 정변으로 권력을 장악한 연개소문은 화평책을 써서 가능한 당과의 전쟁을 피하고자 했다. 그가 당에 도교 포교를 요청한 것도 그런 맥락이었다. 그러나 자국 중심의 국제 질서를 추구한 당은 이런 유화책에 응하지 않았다. 당시 당 태종은 스스로를 중원과 막북의 유일한 지배자인 황제천가한이라 칭했다. 그는 만백성 위에 중화적 법과 질서를 구현하는 자신의 치세에 왕을 죽이고 권력을 독단하는 연개소문 같은 대역죄인이 있음을 용납할 수 없었다. 이는 644년 10월 당 태종이 내린 조칙에 잘 드러난다.

고려의 막리지 연개소문은 그 임금을 시해하고 그 신하를 혹독하게 해치고 변방에서 벌과 전갈처럼 방자하게 구니, 짐이 군신의 의리로서 감정상 어찌 참을 수 있겠는가? 만약 먼 곳의 거친 잡초를 죽이고 베지 않으면 어찌 중화를 깨끗이 할 수 있단 말인가?

당의 고구려 정벌 명분이 연개소문 자신의 패륜성에 맞추어져 있는 이상, 연개소문은 당에 강경한 입장을 취할 수밖에 없었다. 그로서는 자신의 정치 생명을 걸고 끝까지 당과 항전할 수밖에 없었던 것이다.

또 한 가지 놓치지 말아야 할 것은 당과의 전쟁을 통해 연개소문의 권력 기반이 강화되었다는 점이다. 연개소문이 기습적인 정변을 통해 정권을 장악했다 하더라도 지방에 독자적인 무력 기반을 갖추고 있던 귀족들의 저항은 피할 수 없었다. 연개소문은 이들 중 일부를 무력으로 진압하기도 했으나, 안시성주 같은 이와는 서로의 지위를 인정하는 선에서 타협하는 방안을 택했다. 정변 직후 연개소문의 권력은 불안한 상황이었다. 하지만 당의 침입과 함께 고구려 내부의 권력 투쟁은 자연스럽게 중단되었다. 연개소문은 중앙에서 전쟁을 지휘하면서 권력을 강화할 절호의 기회를 얻었다. 전쟁 과정에서 지방 군사력이 소실된 것 또한 연개소문이 정적들을 굴복시키는 계기가 되었다. 결국 연개소문이 대당 강경책을 고수한 데에는 그것이 자신의 정치적 입지를 강화할 것이라는 판단도 크게 작용했을 것이다. 어찌됐든 고구려와 당 사이에 전쟁이 시작되었고, 그 결과 연개소문은 당 태종과 맞선 결연의 지도자가 되었다.

연개소문의 대외 정책이 자신의 권력 기반을 강화하는 방향으로 전개되었음은 앞서 살펴본 김춘추와의 협상에서도 확인할 수 있다. 연개소문이 한강 유역 반환을 협상 조건으로 내건 데에는 집권 초기 불안한 권력 기반을 다지려는 의도도 있었을 것이다. 궁지에 몰려 평양성까지 찾아온 김춘추를 다그쳐 한강 유역을 돌려받을 수 있다면 자신의 정치적 지위 안정에 큰 도움이 되었을 것이기 때문이다. 그가 어떤 생각을 갖고 있었든 간에 결과적으로 신라와의 협상을 거부한 것은 고구려의 국운에 치명적인 타격을 입혔다.

중국 역사상 가장 뛰어난 지도자로 알려진 당 태종이 고구려 정벌에 실패한 것은 중국인들에게 큰 충격을 안겼다. 그 충격은 당시 고구려의 집권자였던 연개소문이 중국인들의 뇌리에 깊게 각인되는 계기가 되었다. 실제로 연개소문은 송·원 시대 소설이나 희곡, 심지어는 경극에서도 그가 당나라 장수 설인귀의 맞수로 등장한다. 물론 여기서 그려지는 연개소문은 대개 부정적인 모습이지만, 이런 자료들이 당시인들에게 큰 충격을 주었던 전쟁 기억의 편린임을 고려하면 645년 당 태종의 고구려 정벌 실패가 국제적으로도 연개소문의 정치적 카리스마를 강화시켰음을 짐작할 수 있다.

당과의 전쟁 이후 정권을 완전히 장악한 연개소문은 내적 모순의 개혁보다 자신의 권력 기반과 정치적 지위를 유지하는 데에만 급급했다. 그는 태대대로라고 하는 초법적인 관직을 만들어 취임하고, 자신의 어린 아들들에게도 높은 관직을 주어 권력을 집중시켰다. 연개소문 가문의 독점적 권력 행사는 고구려의 정치 운영 체계를 무너뜨렸다.

강렬한 카리스마로 고구려를 이끌던 연개소문의 죽음은 심각한 권력의 공백을 초래했다. 연개소문의 아들들이 권력을 다투던 중 연개소문 집안의 권력 독점에 불만을 품고 있던 귀족들과 지방 세력들이 하나둘 당과의 항쟁에서 이탈했다. 『일본서기』에는 연개소문이 죽기 직전 그의 세 아들을 불러 "너희들은 고기와 물과 같이 서로 화목해 작위를 다투지 마라. 그러지 않으면 이웃나라의 웃음거리가 될 것이다."라고 유언했다고 한다. 그 또한 자신이 죽은 후 자식들 사이에 권력 다툼이 벌어질 것임을 어느 정도 예견했던 모양이다. 그렇다면 연개소문은 왜 그에 대한 대책을 마련하지 않았을까? 그도 고민이 적지는 않았겠지만 뾰족한 방법이 없었을 것이다. 그것은 정상적인 국가 운영 체계를 파탄내고

중국 역사상 가장 뛰어난 지도자로 알려진
당 태종이 고구려 정벌에 실패한 사실은
중국인들에게 큰 충격을 안겼다.
그 덕에 당시 고구려의 집권자였던 **연개소문 또한**
중국인들의 뇌리에 깊이 각인되어,
지금까지도 수많은 문학 작품이나 공연 등에서
주요한 악당으로 그려진다.

설인귀와 연개소문이 등장하는 경극의 한 장면

제 가문에만 권력을 집중시킨 데 따른 필연적인 수순이었다. 연개소문 개인의 카리스마에 의해 유지되던 정권이 그의 죽음과 더불어 수습 불능의 지경으로 빠져든 것은 어쩌면 당연한 결과였다.

결국 연개소문은 대내외적인 안정을 이루는 데 실패했다. 그의 정변으로 시작된 정치적 소용돌이 속에서 연개소문 자신의 영웅적 이미지는 뚜렷해졌지만 고구려는 점차 멸망의 길로 빠져들었다. 물론 연개소문이 나라를 다 망쳤다고는 볼 수 없다. 전부터 고구려가 조금씩 기울고 있었던 것도 사실이다. 그러나 그의 당대에 아니 그의 죽음과 더불어 고구려가 멸망했다는 점에서 그는 결코 책임을 면할 수 없다.

김춘추, 몸을 낮추고
때를 기다리다

632년 정월, 진평왕이 아들 없이 죽자 그의 딸 덕만이 왕위에 올랐다. 바로 선덕여왕이다. 여성이 왕위를 계승한 것은 처음 있는 일이었기 때문에 덕만이 왕위에 오른 그 자체가 커다란 정치적 사건이었다. 선덕여왕의 즉위에는 '남자 성골이 없어서'라는 명분이 세워졌다.

그렇다면 성골인 선덕여왕과 진덕여왕의 뒤를 이어 왕위에 오른 김춘추는 진평왕이 죽었을 당시에는 왕위 계승 자격이 없었던 것일까? 이 점을 좀더 따져보면 선덕여왕의 즉위가 갖는 정치적 함의를 어느 정도 가늠할 수 있다. 김춘추의 할아버지는 진흥왕의 둘째 아들인 금륜, 즉 진지왕이다. 진흥왕의 첫째 아들 동륜이 일찍 죽었기 때문에 둘째 금륜이 왕위를 잇게 된 것이다. 물론 동륜에게도 아들이 있었지만 동생 금륜에 게 왕위가 넘어간 것은 그리 비정상적인 일은 아니었다. 진흥왕이 후계 자로 금륜을 선택했고 당시 진골 귀족의 대표자였던 거칠부 또한 금륜 을 후원하고 있었다. 문제는 진지왕 즉위 후에 일어났다. 『삼국사기』는 진지왕이 재위 4년 만에 사망한 것으로 기록하고 있으나, 『삼국유사』 기 록에는 진지왕이 정사가 문란하다는 이유로 국인國人에 의해 폐위된 것 으로 나온다. 사실 진지왕은 아버지 진흥왕처럼 왕권을 강화하려 했기 때문에 귀족들의 반감을 샀을 가능성이 크고, 그 때문에 정사가 문란했 다는 『삼국유사』 기록을 그대로 믿기 어렵다. 게다가 기록의 국인은 왕 권을 견제하던 귀족 세력을 뜻하기 때문에 진지왕의 폐위는 귀족 세력 과의 갈등에서 비롯된 것으로 보아야 옳다.

진지왕이 폐위되고 그의 뒤를 이어 동륜의 아들이 왕위에 올랐으니 그가 바로 진평왕이다. 진평왕은 귀족 세력을 견제하고 왕실의 기반을 다지기 위해서 진지왕의 아들 용춘을 적극적으로 등용했으며 자신의 둘 째 딸 천명과 용춘을 결혼시키기까지 했다. 용춘과 천명공주의 아들이 바로 김춘추였다. 따라서 혈통으로만 보면 김춘추는 진평왕의 왕위를 물려받기에 모자람이 없었다. 그렇다면 김춘추는 왜 성골이 될 수 없었 을까? 그것은 성골이라는 개념 자체가 진평왕 직계에만 해당되는 신성 한 가계 의식이었기 때문이다. 성골 개념의 성립은 진평왕이 재위 내내 추진한 왕권 신성화의 결과였다.

그러나 성골은 관념상의 문제일 뿐 왕위 계승은 현실 정치의 문제였다. 따라서 여왕의 즉위를 이해하려면 현실 정치 판도로 눈을 돌려야 한다. 당시 김춘추는 혈통이나 왕실 내의 위치 등으로 볼 때 가장 유력한, 그리고 유일한 남자 왕위 계승권자였다. 그럼에도 선덕여왕이 왕위에 오른 데에는 자신의 직계를 후계자로 삼으려는 진평왕의 뜻도 작용했겠지만, 무엇보다 김춘추가 왕위에 오르는 것에 반대하는 세력이 만만치 않았기 때문일 것이다. 그들이 곧 김춘추의 할아버지인 진지왕을 폐위시킨 세력과 연결됨은 쉬이 짐작할 수 있다. 가장 유력한 왕위 계승권자이지만 반대 세력을 제압할 힘이 없었던 김춘추와, 김춘추의 왕위 계승을 반대하지만 뾰족한 대안이 없는 반대 세력이 당장의 충돌을 피하기 위해 타협안으로 선택한 것이 여왕의 즉위였다. 결국 선덕여왕은 당시 정치 판도에 의해 선택당한 왕이었던 셈이다.

그렇지만 선덕여왕이 누구인가? 남자 못지않은 지혜와 식견을 갖춘 인물 아닌가. 그녀는 비록 왕위에 오를 때는 선택당하는 입장이었지만, 왕이 된 뒤부터는 왕으로서 자신만의 길을 개척해갔다. 선덕여왕은 특히 권위를 상징화하는 데 탁월했던 것 같다. 그녀는 왕의 권위를 높이기 위해 불교를 적절하게 이용했는데, 유명한 황룡사 9층 목탑도 선덕여왕의 작품이다. 그녀가 하늘의 뜻, 즉 천문을 관측하는 첨성대를 세운 것도 마찬가지 의도로 해석된다.

물론 선덕여왕은 실제적인 권력의 힘에 대해서도 잘 알았다. 그는 부왕인 진평왕 아래에서 제왕 수업도 충분히 받았다. 부왕이 진지왕의 아들 용춘을 적극 등용했던 것처럼 그녀 또한 같은 왕실인 김춘추의 세력을 키워주면서 그를 자신의 오른팔로 삼았다. 가야계 세력을 대표하는 김유신의 여동생 문희와 김춘추의 결혼을 승인함으로써 김춘추의 우익을 만들어준 것도 그녀였다. 김춘추와 김유신은 선덕여왕의 재위 내내 왕권의 든든한 배경이 되었다. 특히 선덕여왕의 재위 기간에는 백제의 대규모 공격이 계속되면서 신라 정계의 위기감이 높았다. 그때마다 번번이 백제군을 물리쳐 고비를 넘을 수 있게 한 이가 바로 김유신이다.

신성 관념에서 현실 정치로, 신라의 새로운 선택

647년 정월, 상대등 비담은 염종 등과 함께 명활성을 근거로 반란을 일으켰다. 여왕이 다스리기 때문에 나라가 혼란하다는 것이 명분이었다. 뒤늦게 선덕여왕의 통치에 반기를 들었다기보다는 병중에 있던 선덕여왕이 사촌 동생 승만을 후계자로 정한 것이 반란의 동기가 되었던 듯하다. 비담 등은 승만이 다시 여왕으로 즉위하면 김춘추, 김유신이 계속해서 정계를 장악하리라 예상하고, 반란을 일으켜 선수를 치고자 했던 것이다.

김춘추는 김유신과 함께 월성에서 선덕여왕을 호위하면서 반란군에 대항하였다. 그런데 반란 중에 선덕여왕이 죽고 말았다. 김춘추는 김유신의 도움으로 반란을 진압했지만 바로 왕위에 오르기에는 힘이 부쳤던 것 같다. 다시 성골을 명분으로 승만, 즉 진덕여왕이 즉위했다. 여기에는 시간을 벌고자 했던 김춘추의 의도가 개입되었을 것으로 보인다.

진덕여왕의 재위 기간 내내 비담을 난을 진압한 김춘추, 김유신이 정치 운영의 주도권을 차지하고 있었다. 그러나 김춘추는 왕위에 오르기 전에 자신의 정치적 기반을 강화시킬 필요가 있다고 생각했다. 그러기 위해서는 무엇보다 쉼 없이 신라를 침공하는 백제와의 대결에서 완전히 승세를 잡아야했다. 김춘추는 군사적인 대결은 김유신에게 맡겨두고 외교적인 방안을 찾았다.

647년 김춘추는 일본으로 건너갔다. 당시 일본 조정에서도 정계 개편이 있었다. 645년 그동안 권력을 독점해왔던 소가 씨가 타도되고 대대적인 정치 개혁이 이루어졌다. 이른바 다이카개신이다. 일본의 새 정권은 646년 9월 신라에 사신을 파견했다. 김춘추는 이에 대한 답례로 직접 왜로 건너간 것이다. 그간 친백제 노선을 견지하던 일본을 신라 쪽으로 회유하기 위해서였다. 이는 642년 고구려와의 외교 협상 실패를 보완할 전략이기도 했다. 김춘추는 일본의 동향을 충분히 파악했고, 일본 왕실은 김춘추에게 당과의 통교를 위한 중재를 요청하였다. 이로써 김춘추는 당으로 건너갈 준비를 마쳤다.

김춘추는 선덕여왕과는 다른 방안을 준비하고 있었다. 신성 관념이 아닌 시스템을 통한 왕권 강화였다. 유교 정치 이념을 내세워 전과 다른 새로운 정치 운용을 시도한 것이다. 그 같은 면모는 김춘추가 아들들에게 법민法敏, 인문仁問, 문왕文王이라는 유교적인 이름을 붙인 데에서도 짐작할 수 있다. 그는 새로운 체제를 향한 개혁이 자신을 왕위에 올릴 지름길임을 간파했다. 권력은 힘으로만 얻어지지 않는다. 현실 모순을 바로잡을 올바른 지향을 제시해야만 권력의 정당성이 뒷받침되는 것이다. 김춘추는 당에서 유교 문물을 들여옴으로써 그 문제를 해결할 수 있었다.

진덕여왕 2년(648) 일본에서 귀국한 김춘추는 당으로 향했다. 그동안에도 신라는 당에 여러 차례 사신을 보냈지만 속 시원한 성과를 거두지는 못했다. 이에 김춘추가 숙원을 해결하기 위해 직접 나서기로 결심했다. 645년 당 태종은 직접 고구려 정벌에 나섰음에도 안시성에 가로막혀 퇴군해야 했던 굴욕을 겪었다. 그 때문에 당에서는 단독으로 고구려를 정벌할 경우 다시 1차전의 악몽을 되풀이하지 않을까 전전긍긍하고 있었다. 김춘추는 이러한 당의 약점을 정확하게 파악하고 있었다.

김춘추는 당 태종으로부터 극진한 환대를 받았다. 김춘추는 본심을 드러내지 않고 먼저 국학을 방문하는 등 당의 문물에 관심을 보였다. 이런 김춘추를 보고 당 태종은 자신이 지은 글과 새로 편찬한 『진서晉書』를 주는 등 큰 호감을 드러냈다. 이때 당 태종은 김춘추의 늠름하고 잘생긴 풍모를 보고 감탄했다고 한다. 당 태종은 수년 전 구원을 청하는 신라 사신에게 여왕이 다스리니 이웃 나라가 얕보는 거라며 빈정거린 적이 있다. 그런 당 태종이 김춘추를 보고 어떤 생각을 했을까? 아니 김춘추는 그런 당 태종에게 자신이 앞으로 신라의 왕위에 오를 왕다운 인물임을 은연중에 과시했던 것은 아닐까?

이후 두 사람은 마음을 터놓고 이야기했다. 김춘추는 당연히 신라의 숙원이었던 백제 정벌을 위한 군사동맹을 제안했고 당 태종 역시 이를 기꺼이 받아들였다. 이후 동아시아 역사를 바꿀 나당동맹이 체결됐다. 물론 두 사람의 셈은 달랐다. 김춘추는 백제를 겨냥했으나 당 태종은 고구려를 염두에 두었다. 더구나 신라로서는 만약의 경우에 대비해 당의 변심에 대처할 방안을 강구해야 했다. 이는 후일 나당전쟁에 대한 대비

김춘추 초상

당 태종은 군사동맹을 맺기 위해 당으로 건너간
김춘추의 늠름하고 잘생긴 풍모에 감탄했다.
수년 전 구원을 청하는 신라 사신에게 여왕이 다스리니
이웃나라가 얕보는 거라며 빈정거렸던 당 태종,
그는 그때 무슨 생각을 했을까?

책으로 나타났다.

김춘추의 대당 외교에 대해서는 청병 외교의 측면뿐 아니라 율령 체제의 수용이라는 측면을 고려해야 한다. 당에서 귀국한 김춘추는 곧바로 중화 정책을 시도했다. 관복을 당의 의관제로 바꾸고, 신라의 연호 대신 당의 연호를 사용했으며 당의 여러 제도를 받아들여 유교에 기반한 정치 운영의 발판을 마련했다. 김춘추의 내정 개혁은 당의 신뢰를 얻는 데에도 기여했지만, 무엇보다 신라의 사회 체제를 근본적으로 재편하는 데 유용했다. 그것은 새로운 정치 질서로서 왕권의 강화와 중앙집권적 관료 체제를 지향했다. 통일 후의 체제 정비 과정으로 미루어 볼 때, 이는 단순한 외교적 제스처에 그치는 것은 결코 아니었다.

구체적인 정치 개혁의 내용을 살펴보면, 우선 김춘추는 왕권 아래 국가 사무 및 다른 관부를 총괄하는 집사부의 위상을 높였다. 이로써 집사부의 장관인 중시는 왕권의 오른팔로서 귀족회의의 주재자인 상대등을 견제할 수 있는 위치에 올랐다. 김춘추는 또 시위부를 개편하여 군사적 기반을 마련하고, 당의 태극전을 본 따 조원전을 건립하여 여기에서 국가 의례를 거행하였다. 이 또한 왕의 권위를 높이기 위한 행보였다.

유교적 정치 이념에 입각한 왕권 중심 지배 체제의 기반을 닦은 그는 때를 기다렸고, 진덕여왕이 죽은 뒤 왕위에 올랐다. 그렇다고 덥석 왕위를 받은 것이 아니었다. 『삼국사기』는 이렇게 전한다. "여러 신하들이 김춘추를 받들어 왕으로 삼으려 하니, 춘추는 세 번 사양하다가 마지못해 왕위에 올랐다." 김춘추는 유교적 방식으로 새로운 왕의 풍모를 과시하며 왕이 되기 위한 지난한 과정을 마무리했다. 그리고 그 과정은 곧 신라 사회를 개혁하는 첫걸음이었던 셈이다. 그 결과 우리 역사 최초로 유교 통치 이념이 구현되고 천하관과 안민 의식, 관료제 등이 정비된 신라 중대가 열리게 되었다.

연개소문과 김춘추, 이들의 선택과 정책은 국가의 운명을 갈랐다. 668년 고구려는 역사에서 사라지고 말았지만 그렇듯 갑작스럽게 멸망할 만큼 내적 모순이 심각한 사회는 아니었다. 오히려 연개소문의 명분 없는 집권욕과 거기서 비롯된 그릇된 국가 정책이 모순을 심화시켜 고구려를 멸망의 길로 몰아넣었다고 보는 게 옳다. 백제 의자왕의 경우도 연개소문과 마찬가지로 집권 후 위기에 직면한 체제를 개혁하기보다는 기존 체제의 유지를 전제로 무단적인 권력을 유지하는 데 급급했다.

반면 신라 김춘추 정권은 다른 면모를 보였다. 김춘추가 왕위에 오를 무렵까지 신라에서도 왕위 계승을 둘러싼 정쟁이 이어지고 있었다. 김춘추도 집권욕을 감추지 않았지만 그는 왕위에 오르기까지 그에 걸맞은 개혁 정책을 추진하면서 합리적 명분을 쌓았다. 정치·사회적 명분과 공공성의 유무, 어쩌면 연개소문과 김춘추의 운명은 여기서 갈라졌는지도 모른다. 나아가 그 두 사람의 선택이 국가의 존망을 갈랐다. 물론 이런 경향성을 단지 한 개인의 문제로 국한할 수는 없으므로 이는 당시 지배층의 동향을 어느 정도 반영한 결과라고 할 수 있겠다.

왕이 될 자격을 갖춘 자와 그렇지 못한 자. 김춘추는 왕이 될 자격이 있었고, 그래서 비록 어려움을 겪었지만 왕위에 올랐다. 그 과정에서 그는 왕위에 오를 합당한 명분을 축적하고 왕이 된 후 만들어갈 국가 운영의 방향을 구상하였다. 반면 연개소문은 왕이 될 자격이 없었다. 그는 권력을 놓치지 않으려고 정변을 일으켰고, 왕위에 오르지는 않았지만 보장왕을 2인자로 만들어 최고 권력을 농단했다. 연개소문 스스로 제 나라의 체제를 부정한 것이다. 김춘추와 연개소문, 두 사람의 행보는 한 나라의 최고 지도자가 갖추어야 할 덕목이 무엇인지 생각해보게 한다.

4

문벌 사회의
빛과 그림자

채웅석

가톨릭대학교 인문학부 국사학전공 교수. 서울대학교 국사학과에서 박사학위를 받았다. 주요 저서로
『고려시대의 국가와 지방사회』『고려사 형법지 역주』『송원시대의 고려사 자료 1, 2』(공저) 『월령과 국
가』(공저) 등이 있고, 주요 논문으로 「12세기 초 고려의 개혁 추진과 정치적 갈등」「고려 전기 사회적
분업 편성의 다원성과 신분·계층 질서」 등이 있다.

흔히 고려는 초기 호족의 시대에 이어 11세기 무렵부터 문벌귀족이 지배하는 사회가 되었다고 본다. 여기에 따르면 회유와 포섭으로 지방 호족들을 통합한 초기에는 고려가 왕과 호족이 호혜적 관계를 이루는 호족 연합 정권의 형태를 보였다. 그러나 광종과 성종 대를 거치면서 왕권이 강화되고 집권 체제가 정비됐으며, 새로운 체제를 운영할 지배층이 자리를 잡았다. 그중 가문과 혈통을 중시해 신분적 특권을 부여받은 문벌귀족이 최고 지배 신분이 되었다. 고려가 점차 귀족 사회로 발전해 간 것이다. 하지만 문신 위주로 발전한 결과 왕권이 약화되고 귀족들 간에 갈등이 생겼다. 이자겸의 난과 묘청의 난 등 정쟁이 이어지던 가운데 마침내 무신정변이 일어나 고려는 국가적 위기에 직면한다.

이 같은 관점에서는 정치 세력을 파악함에 있어 출신 기반, 특히 혈연을 강조한다. 이에 대해 혈연적 귀속성만 강조하면 골품귀족제를 무너뜨린 신라 말 고려 초 사회 변화의 의미가 퇴색되고, 출신 기반만 강조하면 정치 이념이나 정치 운영론을 간과해 이해의 폭이 좁아진다는 비판이 제기되었다. 이후 '고려 초기 왕과 호족이 연합 정권을 구성했다고 볼 수 있는가?' '문벌귀족의 범위는 어디까지이며 고려에 귀족제를 뒷받침하는 제도가 과연 있었는가?' '왕과 문신의 대립과 문무 차별이 무신정변의 결정적 원인이었는가' 등이 새로운 쟁점으로 떠올랐다.

한편 고려의 문화는 고대의 귀족 문화나 조선의 사대부 문화에 비해 그 특성을 간단하게 표현하기가 쉽지 않다. 지역 사회의 자율성을 바탕으로 한 본관제, 유학·불교·도교·풍수지리설 등의 공존, 문·무반의 분화, 농·공·상 등 사회적 분업의 법제화 등에서 볼 수 있듯, 획일적이지 않고 다양한 모습을 보였다는 사실 자체가 고려의 시대적 특징이었다. 고려는 그런 다양성을 바탕으로 변화에 유연하게 대응하는 역동성까지 지니게 됐다. 이러한 특징은 다원적 가치를 중시하는 오늘날, 우리 역사에서 되새겨보아야 할 또 하나의 전통이 아닐까.

신라 말의 혼란과
지방 세력의 성장

신라 지배 체제의 근간으로 작용했던 골품제가 말기에 한계를 드러냈다. 골품제의 바탕이 되는 친족 집단이 약화되고 개인을 기준으로 한 친속 관계가 발달하면서 사회가 크게 변화했다. 신라 하대 150여 년 동안 왕이 20명이나 교체된 사실에서 알 수 있듯, 진골 귀족 사이에 권력 장악을 둘러싼 갈등도 극심했다. 능력과 무관하게 승진에 제약을 받던 육두품 이하의 귀족들도 골품제의 한계를 느끼고 이를 비판하기 시작했다. 최치원을 비롯한 도당 유학생 출신들이 능력 위주의 인재 선발을 요구했지만 배척되었다. 골품제는 신분적으로 진골 중심, 지역적으로 왕경 6부 중심의 권력 구조와 결합했기 때문에 골품제가 유지되는 한 개혁에는 한계가 있었다.

지방에서는 농민층이 몰락하는 한편 지방 세력이 성장하는 양면적인 변화가 일어나고 있었다. 원래 신라의 지배 체제는 골품 귀족들이 권력을 독점하고 지방민을 지배하는 구조였다. 조세는 물론 식읍과 녹읍, 전장 지배 등을 통해 수취한 지방의 재물들이 모두 왕경으로 옮겨졌다. 이로써 왕경의 귀족 문화가 발달할 수 있었다. 하대로 가면서 전장이 확대되고 식읍과 녹읍에 대한 국가의 통제력이 약화되어 귀족들의 사적인 수탈이 강화되었다. 각종 재해와 질병 등도 빈발해 피해가 컸고, 귀족들이 정쟁을 벌이는 통에 권농과 구휼조차 제대로 이루어지지 않았다. 이 때문에 농민 생활이 어려워지고 계급 분화가 심화되었다. 굶주림을 견디지 못한 농민들은 유망하거나 초적이 되었고, 점차 그 규모가 커져 조직적인 저항의 움직임도 보이기 시작했다.

그런 가운데 지방에서 부를 축적하고 세력을 키운 호부층이 나타났다. 그들은 농민층의 분화를 이용해 토지와 예속 노동력을 늘렸다. 호부층 중에는 촌주 출신의 토착 세력이나 중앙에서 파견된 관리 또는 낙향한 귀족이 많았다. 촌주는 골품제 때문에 정치적 성장에 제약이 있었고, 낙향한 귀족은 중앙의 권력 다툼에서 밀려난 사람들이었다. 그런 탓에 그들 역시 부세 압박에 시달리기는 마찬가지였다. 게다가 초적들의 위협도 상당했다. 힘들게 쌓은 기반을 지키고자 했던 호부층은 지역민을 모아 일종의 자위 조직을 만들었다. 중앙의 통제력이 약화된 상황을 틈타 무력을 갖추고 자립성을 강화한 결과 그들은 성주, 장군이라고 칭하는 분권적 지방 세력으로 성장할 수 있었다.

호부층은 농민의 분화 과정을 이용해 부를 쌓았기 때문에 계급적으로는 소농민과 대립했다. 자위 조직의 힘을 키우려면 계급 갈등을 무마하고 농민과 결속할 필요가 있었다. 이를 위해 호부층은 별도의 행정조직을 갖추고 권농과 구휼을 수행하는 한편, 유명한 승려를 초빙하거나 학교를 운영하면서 교화와 교육에도 힘을 쏟았다. 향도와 같은 불교 신앙 단체의 활동을 주도하고 후원하기도 했다. 한편 재해가 이어지고 질병이 만연한 가운데 많은 사람들이 종교에 의지하려 했다. 하지만 가난한 농민들로서는 불사 공덕을 닦기 벅찼다. 그런 상황에서 호부층은 큰 불사를 일으켜 지역민들의 신망을 얻고 리더십을 키울 수 있었다.[1] 그 과정에서 중앙으로 빠져나가던 경제력이 지방에 유보되고, 골품제 중심의 세습 신분제가 해체되었으며, 지방의 정치력과 문화 수준이 크게 상승했다.

고대에서 중세로,
새 시대를 구축하다

할거하던 지방 세력들이 후삼

도피안사 철조비로자나불좌상

정치 혼란과 함께 재해가 이어지고 질병이 만연한 가운데
사람들은 종교에 의지하려 했다.
하지만 가난한 이들이 불사 공덕을 닦기는 어려운 일이었다.
이때 호부층이 지역민들을 이끌고 큰 불사를 일으켰다.

국으로 통합되고 이를 다시 고려가 통일했다. 태조 왕건은 송악의 지방 세력 출신으로 궁예 휘하에서 전공을 세우고 시중을 지내는 등 관력을 쌓다가 정변을 일으켜 고려왕조를 개창했다. 왕건은 강력한 왕권을 세우려다 실패한 궁예를 거울삼아 유화적인 자세로 지방 세력을 대하고, 자기 편이 된 세력에는 근거지 지배를 인정해주었다. 정략결혼을 통해 유력한 지방 세력들을 끌어들이기도 했다. 왕건의 포섭 정책은 꽤 성공적이어서 지방 세력은 물론 신라 경순왕의 귀부를 받고 이어 후백제까지 격파하여 통일을 이룩할 수 있었다.

고려 초기 지방 세력의 독립성을 강조하고 그들과 고려 정부의 관계가 호혜적이었다고 보는 견해에서는 당시의 정치 양태를 호족 연합 정권이라고 부른다. 여기서는 왕건이 호족의 힘을 빌려 통일을 이루었고, 이후에도 호족들의 힘을 빌려 지방을 간접적으로 지배하는 데 머물렀다고 보았다. 중앙 정치제도상으로 왕권을 뒷받침하는 내봉성, 병부와 함께 호족의 이익을 대변하는 광평성, 순군부 등의 관부가 병존했다는 주장이다.

이에 대해 왕이 호족을 강력하게 통제하지는 못했지만 그렇다고 양자가 대등한 관계는 아니었다는 비판이 제기되었다. 여기서는 왕과 호족이 귀부라는 형식으로 관계를 맺었던 사실에 주목하여 그들 사이에 이미 군신관계가 성립돼 있었다고 주장한다. 또 광평성과 순군부 등도 호족의 이익과 관계된 기구라기보다는 오히려 왕명에 따라 움직이는 행정기구였을 가능성이 크다고 보았다.[2]

지방 세력이 왕에게 귀부하고 인질을 제공한 이상 왕과 대등할 수는 없다. 그들은 자율적으로 지역사회를 지배하면서 중앙정부의 지시를 받고 협조했다. 이후 고려가 중앙집권 체제를 강화하면서 지방 세력의 힘은 더 약화될 수밖에 없었다. 고려는 후삼국을 통일한 뒤 새로운 지배 체계를 마련하는 한편 왕권에 제약이 되는 공신 세력과 분권적인 지방 세력을 억제하기 위해 노력했다. 태조 때부터 성종 때까지 고려의 가장 중요한 정치 현안이 바로 그것이었다.

정치적으로는 광종 때에 왕권이 크게 강화됐다. 광종은 관료들의 공복을 제정하고 과거제도를 실시해 문·무반이 구분된 관료제를 발전시켰으며, 노비안검법을 시행해 공신과 지방 세력의 힘을 누르는 한편 강력한 숙청을 실시했다. 그런 바탕에서 성종은 중앙 정치기구를 당의 3성 6부제에 따라 개편하고 12목을 중심으로 지방관을 파견했으며, 관반 조직을 향리직제로 개편하는 등 지배 체제를 대폭 정비했다. 또 국자감과 태묘를 설립해 유교 정치 이념의 확립에 힘썼다.

사회적으로는 신라 하대 이래 지방의 상황이 크게 변했기 때문에 각 지역의 영역 관계와 내부의 계층 관계 등을 감안해 새로운 지배 질서를 세워야 했다. 그에 따라 고려 초기부터 각 지역의 호구와 토지를 파악해 장적帳籍에 올리고 본관 제도를 시행했다.[3] 본관 제도가 전국적 차원에서 정비된 시기는 성종 때였다. 본관에 따라 주민의 신분이 달랐는데 특히 향·소·부곡 등이 본관인 사람은 차별 대우를 받았다. 고려는 본관 사이에 차등을 둔 지배 체제를 유지하기 위해 주민의 이주를 막았다. 관직 임용이나 국가 정책에 따른 이주 등 특별한 사정이 없는 한 본관과 거주지가 일치해야 했다. 개경에 거주하는 관료 역시 특정한 죄를 범해 제명

되면 본관으로 유배하는 귀향형을 적용했다. 귀향형에는 단순히 본관으로 돌려보내는 것이 아니라 관료 자격을 완전히 박탈하여 서인庶人으로 만든다는 의미가 있었다.

경제적으로는 빈궁한 사람들을 보호하고 부세를 경감하는 조치를 통해 백성들의 생활을 안정시켰다. 태조는 유교의 민본 이념에 따라 일정한 법도를 지켜 부세를 거두어야 한다는 원칙을 강조했다. 수취 제도도 새롭게 마련했다. 신라는 부세 수취의 바탕을 호등제에 두어 인호人戶 지배의 비중이 컸던 데 비해, 고려는 토지와 인호 단위의 부세를 구분하고 토지에 10분의 1조법을 시행했다.[4] 또한 신라는 녹읍제를 시행하여 관료들에게 호수戶數를 단위로 일정 지역에서 부세를 거두게 했으나, 고려는 경종 때부터 전시과 제도를 시행하여 일정 면적의 토지에서 조를 거두게 하는 방식으로 바꾸었다.

신라 사회가 크게 바뀌기 시작한 선덕왕 때부터 고려의 지배 체제가 정비된 성종 때까지 약 200년의 기간을 '신라 말 고려 초 사회 변동기'라고 부른다. 그 기간 동안 경주 6부 중심의 정치 체제가 해체되고 지방 출신들이 중앙 정치에 참여하기 시작했으며, 골품귀족 중심의 귀속적 신분제가 깨져 사회이동에 개방성이 갖추어졌다. 또 지방 사회에 공동체 의식이 싹트고 지방의 문화 수준도 크게 상승했다. 바로 이때가 한국사가 고대에서 중세로 넘어갔다고 할 만큼 큰 의미를 지닌 시기였다.[5]

고려의 지배층은
귀족인가, 관료인가

골품제 때문에 제약받던 하위 두품과 지방 세력 등이 신라 말 이래 역사의 전면에 나섰다. 고려는 중앙 집권화를 추진하면서 그들을 관료제에 편입했다. 하지만 고려가 국내외적 불안을 극복하고 안정적으로 발전하기 시작한 11세기 무렵부터 중앙 지배층이 문벌화 하는 경향이 두드러졌다. 이때도 물론 신진 관료들이 등용되었으나 문벌화에 따라 계층 이동이 상대적으로 주춤해졌다. 고려는 능력 본위의 관료 임용과 승진 원칙을 중시하면서도 교육과 음서 등을 문벌에 유리하게 운영했다. 이에 따라 고려 전기 중앙 지배층의 성격에서 귀속적인 요소와 성취적인 요소가 함께 나타났다. 이와 관련된 논쟁들을 검토하면서 고려 전기 지배층의 성격을 살펴보자.[6]

고려 전기 지배층의 성격에 대한 학계의 주된 견해는 문벌귀족제론이다. 고려의 귀족이 법제적으로 구분된 것은 아니었기 때문에 누가 귀족인가 하는 데는 이견이 있다. 하지만 문벌귀족들이 신분적 특권을 세습적으로 향유하면서 사회를 귀족제의 테두리 안에서 운영했다는 데는 대개의 견해가 일치한다. 대표적인 문벌귀족 가문으로는 해주 최씨, 파평 윤씨, 인주 이씨, 경주 김씨, 정안 임씨 등을 꼽고, 그 가문 출신들이 지배 신분이 되어 통혼권을 형성하고 폐쇄적으로 지위를 이어 나갔다.

귀족제를 뒷받침하는 요소로 가장 강조하는 제도는 음서이다. 음서는 자손이 조상의 음덕에 따라 관직을 가질 수 있도록 특혜를 주는 제도를 말한다. 문벌귀족제론에서는 5품 이상 관료의 자손을 대상으로 정기적으로 시행한 음서가 있었고, 대상자들은 대개 15세 즈음 그 제도를 이용하여 일찍 관직에 진출할 수 있었다고 강조한다. 한편 교육제도가 계층별로 차별적이었고, 과거에서도 음서로 관직에 나아간 사람에게 특혜를 주었던 점 등을 고려할 때, 과거제도도 문벌과 무관하게 시행된 것은 아니라고 본다. 또 문벌귀족 출신들이 재상이 되어 정사를 의논하고 결정했으며, 그 재상들을 중심으로 광범위한 겸직제가 시행되어 귀족사회를 뒷받침했다고 파악했다.

경제적으로는 공음전시과 제도가 귀족사회를 뒷받침했다고 보았다. 고려는 관료를 1~5품으로 나누어 공음전시를 분급하고 상속할 수 있도록 했는데, 그때 분급 기준이 된 1~5품은 9품으로 나뉜 관품 가운데 음서 혜택을 부여했던 5품 이상과 일치한다는 것이다. 즉 공음전시과는 음서제와 상응해 귀족 관료들이 특권적 생활을 세습적으로 누릴 수 있도록 보장한 제도라는 주장이다.

한편 문벌귀족제론으로는 세습 귀족제를 극복한 고려 사회의 발전적 면모를 바르게 알기 어렵다며 고려의 관료제적 성격을 부각하는 견해도 있다. 고려 중기에 문벌이 형성된 것은 사실이나 이 시기에는 귀족이 아닌 일반 양인도 과거에 합격하거나 군공을 세워 관직에 진출하고 문벌로 성장할 수 있었다는 주장이다. 게다가 신흥 가문이 끊임없이 대두하고 이미 문벌이 된 가문이 약화되기도 하는 등 가문들의 부침이 컸던 사실을 고려하면 고려를 귀족사회라고 단정하기 어렵게 된다.

이 주장에 따르면 고려시대 관료 임용제도에서 가장 비중이 큰 것은 능력 본위의 관료 선발 제도인 과거였다. 고려시대 과거제도에서 제

고려 후기의 문신 장양수의 급제첩

고려 중기 이래 중앙 지배층이 문벌화한 것을 근거로
고려를 귀족사회로 보는 경향이 있다.
그러나 고려시대에는 일반 양인도 과거에 합격하거나
군공을 세워 관료가 되고 문벌로 성장할 수 있었다.

술업의 응시는 고위 향리의 자제들로 제한되었지만, 의학·천문·지리와 같은 잡업은 일반 양인들에게도 개방되었다. 또 관리가 된 뒤에는 능력에 따라 승진했기 때문에 지배층으로서 지위를 유지하려면 능력이 필수적이었다. 여기서는 음서가 포상이나 특사와 같은 형태로 간헐적으로 실시되었다고 파악했다. 더구나 음서는 맨 처음 관직을 줄 뿐 이후의 승진까지 보장하는 것은 아니었고, 5품 이상이라는 성취 지위에 도달한 관리의 자손에게만 그 기회를 주기 때문에 음서 자체에 반세습적·반귀족적 요소가 내포되어 있다는 주장이다. 관료제론을 지지하는 쪽에서는 공음전시과 제도에 대해서도 해석을 달리한다. 분급 기준인 1~5품은 대상 관품이 아니라 대상자를 다섯 등급으로 나누었다는 뜻이며, 특별한 공훈을 세운 관료 또는 국가적인 경사가 있을 때 관료들에게 분급한 것이기 때문에 귀족제를 뒷받침하는 경제 기반으로 보기 어렵다는 것이다.

초기부터 양천제를 기본으로 했던 고려의 신분제를 생각해보면 문벌귀족제론에 대한 이 같은 비판이 설득력 있게 다가온다. 양천제는 원리적으로 천인만 배제하고 양인 내에서 권리와 의무상의 동질성은 강조하는 제도이다. 신라에서도 양인과 천인을 구분했을 가능성이 있지만 골품제가 강고해 한계가 있었다. 그에 비해 고려에서는 지배층이라고 하더라도 신분의 생득적인 계승을 보장하지 않았다. 그런 점에서는 조선도 고려와 다를 바 없었다. 그렇지만 조선시대에는 문벌의 존속 시기가 길지 않았고, 과거의 비중이 커진 대신 음서의 비중이 낮았다. 또 산림의 존재에서 볼 수 있듯 학식이나 덕망이 가문의 배경이나 관위보다 더 중요하게 작용하기도 했다. 즉 고려가 상대적으로 혈통과 문벌을 더 중시했고, 교육제도와 음서제도, 재상 중심의 정치 운영 등에서 문벌에 유리한 조건을 많이 갖추고 있었음은 분명하다. 이런 점들을 고려해 고대를 골품귀족 사회, 고려시대를 문벌 사회, 조선시대를 사대부 사회로 구분하자는 견해도 있다.

고려는 골품제 해체의 토대 위에서 성립했기 때문에 귀족의 특권과 지위의 세습을 법제적으로 보장하는 대신 경쟁과 능력이 중심이 되는 사회를 구축했다. 물론 고려가 교육이나 관리 임용 제도 등에서 지배층을 우대하고 조선에 비해 혈연적 배경을 중시한 것도 사실이다. 그런 맥락에서 신라 말 고려 초와 고려 말 조선 초의 사회 변화를 고려한다면 고려를 신라, 조선과 구분하여 문벌 사회라고 부르는 것이 적절하다고 생각된다.

고려 사회를
이끈 힘

신라의 세습 귀족제가 해체되고 지방 사회의 정치·문화적 역량이 상승하던 시기에, 동아시아의 국제 상황도 크게 변화했다. 중국에서는 오대십국의 분열을 거쳐 송이 등장했다. 송은 경제나 문화 면에서 강국이었다. 하지만 북방의 거란이 강한 군사력을 앞세워 고려와 송을 압박했다. 고려는 거란과의 대결 끝에 사대관계를 맺었지만, 송과는 공식 외교가 끊긴 상태에서도 경제·문화적 교류를 유지했다. 고려는 거란, 여진 등 북방족의 귀화를 적극적으로 장려해 농업과 수공업에 종사하게 했다. 학식과 재능이 있는 송인들도 우대해 관직을 주고 문예와 의술 등을 발전시키도록 했다. 이와 같은 국내외 상황에서 발전한 고려의 사회·문화는 획일성 대신 다원성을 특징으로 했고[7] 신분제 사회로서 계서성도 드러냈다.

고려는 정치 면에서 관료 제도를 정비하고 과거를 시행하여 능력을 중시하는 한편 음서처럼 문벌 지배층을 우대하는 경향도 보였다. 그에 따라 고려 사회의 성격을 어떻게 파악할 것인가 하는 문제가 대두된다. 중앙과 지방의 관계에서도 고려는 중앙집권화를 추진하면서도 지역적 차이를 무시하고 일원적 기준에 따라 행정 구역의 규모나 위상을 정하거나 균일한 지배를 관철하지 않았다. 일례로 고려는 일반 군현과 구분되는 향·소·부곡과 같은 특수 행정구역을 따로 설정했다. 또 같은 군현이라 하더라도 지방관을 파견한 주현이 그렇지 않은 속현보다 훨씬 적었다. 그런 상황에서 지방관이 지방 지배를 도맡을 수는 없었으므로 고려에서는 향리층이 주도하는 자율적 질서가 인정됐다. 향리층은 지방관 아래에서 실무를 보조하는 데 그치지 않고 지역 사회의 안녕과 질서를 책임지는 존재로 인식되었다. 즉 고려의 지방 지배는 향리층에 의한 향촌 자치를 바탕으로 주현에 파견된 지방관이 그들을 통제하는 형태였다. 또 고려는 해당 지역 출신 관료를 사심관으로 임명해 지역 지배를 보완하게 했다.

신분제도를 보면 고려는 양천제를 시행하여 양인 내부에서 사士와 서庶를 구분하고, 사 내부에서는 문반과 무반을 구분했으며, 서인 내부에서 농·공·상의 사회적 분업에 따른 계층 질서를 편성했다. 공·상에

고려시대에는 지방에 토착한 향리의 자율적 지배를
인정하고 거점 지역에만 지방관을 파견하였다.
향리는 향촌 질서를 효과적으로 주도하기 위해,
향도와 같은 불교 신앙 조직과 대규모 불사에 적극 참여했다.

정도사지 오층석탑(왼쪽)과 개심사지 오층석탑(오른쪽)

대한 차별은 그 직업을 낮잡아 보는 데서 출발했다기보다 전업專業 유지를 위한 제도적 장치로서 만들어졌다. 본관에 따라서도 계층적 위상이 달랐다. 향·소·부곡 등이 본관인 사람은 양인 신분이면서도 차별을 받았다. 그들은 잡척이라고 불리면서 국학 입학과 과거 응시가 금지되고 관직 진출에 제한을 받았다. 그들이 다른 본관의 배우자와 자식을 낳아도 차별은 대물림됐다. 본관에 따른 차별은 노비에게 적용되는 것과 유사한 원칙으로 귀속되었기 때문이다. 공로나 범죄에 대한 상벌로 특정인의 본관을 향·소·부곡에서 일반 군현으로 승격시키거나 일반 군현에서 향·소·부곡으로 강등시키는 경우도 있었다.[8]

고려의 친속 조직은 고대의 족단적 친속 조직이나 조선 중기 이후의 부계 친속 조직과 달랐다.[9] 개인은 아버지와 어머니 양측으로 연결되는 선대의 모든 계보를 선택할 수 있었으며 그에 따른 친족 결합은 가변적이었다. 또한 출계를 따지거나 상속을 할 때도 여성을 크게 차별하지 않았다. 친척의 상에 상복 입는 기준을 정한 오복五服 제도에서도 외가의 등급을 올려 부계에 편중되지 않게 했다. 정무를 보며 사사로운 정에 이끌리는 것을 막기 위해 친척끼리 같은 관청에 근무하지 못하게 한 상피 제도에서도 남녀 계보를 통틀어 대칭적 위치에 있는 친속들이 거의 대등하게 포함되었다. 고려는 중국의 제도를 들여와 오복제와 상피제를 시행하면서도 대상을 어머니 쪽과 부인 쪽으로 확대시켜 독자적인 면모를 보였다.

경제적으로 고려는 토지 사유제를 바탕으로 조세제도를 운영하면서 토지세를 징수하는 권한인 수조권의 일부를 관리들에게 분급하는 방식을 채택했다. 이 경우 수조권을 받은 관리들이 그 권한을 이용하여 소유지를 늘리거나 자의적으로 농민을 수탈할 가능성이 있었다. 실제로 고려시대에는 소유권에 따른 토지 지배와 수조권에 따른 토지 지배가 상호 보완적이면서도 상충하는 관계에 있었다. 수조권에 따른 토지 지배는 전시과 제도에서 시작되어 고려 말 과전법으로 이어졌으며 조선 중기 이후에는 거의 사라졌다.[10]

사상적으로는 유학, 불교, 도교, 풍수지리사상 등이 공존했다. 삼국시대부터 한반도 국가들은 유교, 불교, 도교를 보완적으로 받아들였는데 고려도 마찬가지였다. 태조는 훈요십조에서 '유교, 불교, 풍수지리사상 등이 각기 효용성을 갖추어 나라에 도움이 된다'고 강조했고, 성종 대최승로는 '유교는 나라를 다스리는 근원이고 불교는 몸을 닦는 근본'이라고 주장했다. 고려에서는 불교가 지배적인 종교로서 사람들의 생활과 의식에 깊숙이 영향을 끼치는 가운데, 정치 사상으로서 유학이 더욱 강조되고, 풍수지리사상의 영향력이 커졌다. 고려는 교육과 과거제도를 통해 유학을 진흥했고, 과거시험 과목에 지리업을 두어 풍수지리 전문가를 선발했다. 초기부터 도교의 제사 의식인 재초를 국가적인 차원에서 거행했으며, 중기에는 교단도교를 수용해 복원궁이라는 도관을 두었다. 이렇듯 고려는 다양한 종교와 사상의 차이를 인정하고 그것들이 팔관회, 연등회 같은 국가 의례 속에서 공존하게 했다. 그러한 면모는 고려 문화의 다양성을 보여주는 대표적인 지표이다.

고려는 어떻게 다원성과 계서성의 면모를 고려왕조라는 하나의 틀속에 통합했을까? 고려가 세워지기 직전인 후삼국 시대는 삼국 유민 의식에 바탕한 분열의 시대였다. 그러나 계속된 대립과 전란은 그것을 극복하기를 바라는 삼한 일통 의식을 촉발했다. 사람들은 천명을 받은 왕이 나타나 도탄에 빠진 시대를 수습하고 삼국을 통합해 안정시키기를 바랐다. 왕건은 그런 역할을 자임하면서 통일 왕조 수립의 정당성을 내세웠다. 이후 무신집권기에 이르러 농민 항쟁의 와중에 일시적으로 삼국 유민 의식이 부활했으나 대몽 항전 과정에서 단군조선이라는 민족 공통의 역사 경험이 부각되면서 소멸되었다. 몽골의 침략이라는 시련을 극복하려면 힘을 하나로 모아야 했기에 삼국 분립 이전부터 존재했던 공통의 역사로서 단군조선을 끄집어낸 것이다. 이로써 고려는 삼국 유민 의식을 극복하고 국가적 결속을 이룰 수 있었다.[11]

제도적 측면에서 통합은 지역사회의 자율성을 인정한 본관제와 지방 지배 제도, 표준화된 유학 교육 제도와 지역 안배를 고려한 과거제도, 전국적으로 잘 정비된 교통 및 물류 제도 등에 의해 뒷받침되었다. 이런 제도들을 통해 서로 다른 층위나 요소에 속한 사람들이 한편으로는 대립하고 경쟁하면서, 다른 한편으로는 소통하고 교류하며 공존했다.

고려가 차례로 거란, 여진, 몽골, 왜구와 홍건적 등의 침략을 겪고서도 이를 효과적으로 극복할 수 있었던 것은 그런 통합력이 뒷받침되었기 때문이다. 고려는 지방 세력 주도의 자율적 질서를 해체해 중앙집권을 강제하는 대신 지역의 공동체 질서를 지배에 활용하여 지역공동체의 자위 기능이 유지되도록 했다. 그에 따라 지역 단위 방어를 기본으로 중앙군이 주력군을 상대해 외적을 효과적으로 물리칠 수 있었다.[12]

고려에서는 다양한 층위나 요소에 속한 사람들이 서로 경쟁하면서 역동성이 커졌다. 고려시대에 호족-문벌-무신-권문세족-신흥 사대부로 이어진 정치 주도층의 변화는 그런 역동성의 일면을 잘 보여준다. 지배층의 잦은 교체는 정치적 불안정 때문이라기보다 특정 신분이나 이념이 독점적인 지배력을 행사하지 않았기 때문이며, 귀족제적 요소와 관료제적 요소의 정치적 길항 관계 속에서 역동성이 커졌기 때문이었다. 이처럼 고려는 사회를 구성하는 층위 및 요소들의 다원성과 자율성을 인정하면서도, 왕조 질서 내에서 통합성을 유지하면서 역동적으로 발전하였다. 바꾸어 말하면 다원성과 역동성, 경쟁과 소통이 국가적 통합을 유지하는 바탕이 되어 고려가 500년 가까이 발전할 수 있었던 것이다.

무신정변을
어떻게 볼 것인가?

의종 24년(1170) 정중부와 이고, 이의방 등의 무신들이 왕의 행차를 수행했다가 보현원에서 정변을 일으켰다. 그들은 "문신의 관을 쓴 사람들은 비록 서리라고 하더라도 죽여서 씨를 남기지 말라."라고 군사들을 선동해 수많은 문신들을 살해했다. 그리고 왕을 폐위해 추방하고 왕의 아우를 즉위시켜 권력을 장악했다.

일반적으로 무신정변은 무신에 대한 차별과 의종의 실정에 반발하여 발생했다고 설명했다. 일각에서는 무신 차별이 정변의 배경이 되었다고 하더라도 전부터 무신이 양반 귀족의 일원으로서 내란과 외침에 대응해 꾸준히 지위를 상승시켰던 점을 고려하면, 무신정변을 무신들의 현실적 세력 성장이 전통적인 억무정책과 충돌하면서 발생한 사건으로 보아야 한다는 주장도 있다.[13] 여기서는 여진 정벌, 이자겸의 난, 묘청의 난 등을 거치면서 군이 여러 차례 동원되고 무신의 위상이 높아진 것에 주목했다. 또한 의종이 사치와 향락을 일삼으며 실정했다기보다는 오히려 그가 왕권을 강화하는 과정에서 이를 막는 문신 대신 무신들을 두둔했다고 보는 견해도 있다.[14] 문신에 대한 왕의 반감이 유교적 가치관에 대한 반감으로 이어졌고 무신들에 대한 왕의 두둔이 그들로 하여금 정변을 일으키게 했다는 것이다.

무신이 정변 이전에 문신과 동등한 대우를 받지 못한 것은 사실이다. 그렇지만 무신의 위상이 높아진 고려 중기의 정치 과정을 보면 무신 천대가 정변을 초래한 핵심 원인이라고 보는 것은 한계가 있다. 왕권 강화 과정에서 의종과 문신이 대립 관계에 있었다는 견해도 유교 관료정치를 지향했던 고려 사회에서 가능한 일인지 의문이고, 의종의 측근 중에는 문신들도 있었기 때문에 온전히 수긍하기 어렵다.

무신정변을 고려 중기 사회 변화와 위기의식의 상승 국면에서 생긴 지배층의 분열과 갈등의 일환으로 파악할 수는 없을까? 당시에는 개경의 지기地氣가 쇠퇴했기 때문에 국가 중흥을 위해 천도하자거나 종교적 수단에 의지해야 한다는 주장이 여러 차례 나왔다. 이는 정치권에서도 당시를 위기로 인식하고 있었음을 보여준다. 한편 문벌의 강화는 지배층 사이에 분열과 갈등을 키웠다. 문종 26년(1072) 거신의 모반을 시작으로 이자의의 난, 이자겸의 난, 묘청의 난 등이 이어졌다. 의종 대에도 왕의 아우들을 둘러싼 정치 갈등이 심각했다. 농민들도 12세기 초부터 유

공민왕릉의 문인석과 무인석

흔히 고려 무신정변의 원인을
문신에 대한 무신의 차별에서 찾는다.
그런데 무신정변은 의종 대 말기 측근 내료·문신과
측근 무신 사이의 권력 투쟁적 성격이 두드러졌다.
정변을 주도한 세력은 자신들의 행동을 정당화하기 위해서
문무 차별을 부각시키고 문신 타도를 선동했다.

망하거나 초적이 되는 일이 많았으며 무신정변 직전에는 농민 봉기가 일어나기 시작했다.

이런 상황에서 조정에서는 여러 갈래로 개혁을 시도했다. 숙종 대부터 예종 초기까지 금속화폐 유통과 별무반 설치, 감무監務 파견 등의 변법變法 개혁을 실시했으며, 인종 대 후반에는 유교 정치 이념과 윤리를 강조한 인성론적 개혁 정책을 시도했다. 전자는 재정 확충과 왕권 강화를 목표로 삼았고, 후자는 관료제와 유교 윤리를 통한 질서 안정을 추구했다. 인종 대 전반 묘청 세력은 풍수도참설과 불교 등에 바탕을 둔 신비주의적 법술을 동원하여 칭제건원과 금국 정벌 등 혁신적 목표를 제시하기도 했다. 그러나 이 시기 개혁론들은 공통적으로 대토지 소유나 고리대 같은 당면한 사회 모순에 대한 인식이 부족했고, 실제적인 효과 또한 거두지 못했다.

정치권의 분열과 갈등 속에서 왕은 외척과 측근 세력을 육성하여 왕권을 보위하려고 했다. 의종은 일부 문신과 무신, 환관, 술사 등을 측근 세력으로 키웠는데, 그들은 종교에 의지하고 왕과 유락하면서 당시를 태평성대라고 자위했다. 그러자 정치가 경색되고, 측근 문신 및 내료와 측근 무신 사이에서 권력 다툼이 벌어졌다. 정변을 주동한 무신들은 시위군 출신으로 왕에게 총애받던 사람들이었다. 그들은 제대로 대우받지 못한 채 노역에 동원되던 군인들의 불만을 이용해 정변에 성공했다. 이들 중 과격파가 정변의 주도권을 잡기 위해 문신 타도를 선동하며 정변을 확대시켰다. 의종 때 측근 세력이 주도한 정치 행태가 파행적이었기 때문에 그런 선동이 통했던 것이다. 정변 이후에도 정치 불안이 계속되

자 무신들은 공동의 이해관계를 강조하고 문신을 눌러 지지 세력을 결속시켰다.[15]

이렇게 본다면 무신정변과 뒤이은 무신집권기에 일어난 정변들은 12세기 초부터 시작된 사회 변화 속에서 지배층이 분열·갈등하는 가운데 나타난 정치 변란의 연장선에 있다고 볼 수 있다. 사회 모순이 심화되는데도 개혁이 아무런 성과도 거두지 못하고 정치가 외척이나 측근 세력, 권력자의 족당 중심으로 경색되어 언제든 정변이 일어날 수 있는 상태가 지속되었던 것이다.

정변 이후 원종 11년(1270)까지 약 100년간 무신정권이 유지됐다. 이 기간 동안 정변을 통해 새로운 무신이 집권하는 일이 다반사로 일어났으며, 왕권을 중심으로 한 관료 정치 또한 제대로 이루어질 수 없었다. 정치·사회적으로는 관료제와 예제禮制가 유지되면서도 문객門客과 사병 조직이 부각되었다. 경제적으로는 전시과의 수조권 분급제도가 유지되었으나 농장이 발달해 제대로 운영되지 못했다. 이처럼 사적 부문이 커지면서 공적 부문이 약화되었다. 정치 문제를 꼬집고 관리들의 부패를 막는 대간제도가 여전히 존재했지만 제 역할을 하지 못하고 무력화되었다. 정변을 통해 집권한 무신들이 지배층의 분열된 이해관계를 조정해 단합시키기는 어려웠으며 그들이 문객 또는 사병이나 농장이라는 사적 기반에 의존한 이상 공적 질서를 회복하는 개혁을 단행할 리 없었다. 그렇게 되자 문무의 대립을 이용해 무신을 결속시켜 권력의 안정을 꾀하는 양태가 이어졌다.[16]

상황이 악화되자 농민 항쟁이 전국적으로 격렬하게 일어났다. 다른 곳의 항쟁군이 합세하면서 농민 항쟁의 규모가 점점 커졌고 마침내 삼국 부흥 운동으로 번져 고려왕조를 부정하는 단계까지 이르렀다. 부곡이나 소처럼 차별받던 지역의 주민들이 신분 상승을 위해 항쟁을 일으키기도 했다. 노비 만적은 "장상이라고 씨가 따로 있겠는가? 때가 오면 누구나 할 수 있다."라고 하며 노비들을 모아 투쟁했다.

이에 지배층 사이에 위기의식이 커져갔다. 최충헌은 신라 부흥 운동과 연결되었다고 의심받던 이의민을 숙청하고 집권해 봉사십조라는 개혁안을 제시했다. 그는 개혁을 태조의 정법正法에 의거하겠다고 천명하고 왕조 보위를 명분으로 내세웠다. 왕실의 권위를 인정하고 왕조를 중흥하는 개혁 시행을 선언함으로써 집권의 정당성을 인정받으려고 한 것이다. 그를 계승한 최우 또한 몽골의 침략에 맞서 강화도로 천도하고 항전을 주도하여 왕조를 보위한다는 명분을 굳혔다. 최씨 집권자들은 막대한 사적 경제 기반과 강력한 사병 조직을 만들어 지지 세력을 끌어들이고 반대 세력을 숙청했다. 최씨 집권기 동안 사적인 권력이 정방과 도방, 서방 등으로 실체를 인정받았다. 최씨 집권자들은 이전의 무신 집권자들과 달리 문신의 보호자로 역할하면서 문무 대립을 정치에 이용하지 않았다. 최씨 정권은 강력한 세력과 왕조 보위의 명분을 확보해 60여 년간 권력을 세습하면서 왕에 버금가는 권위를 인정받을 수 있었다.

그러나 최우 다음부터 집권자의 리더십이 약했고, 지지 세력이 분열했다. 더구나 대몽 항전이 장기간 지속되면서 강화론이 대두하고 무신 정권이 흔들리기 시작했다. 무신 집권자들이 승산 없는 항전을 고집하고 왕권을 약화시켜서 왕조와 민생을 위협한다는 인식이 공감대를 얻었다. 국왕과 문신 측의 주도로 몽골과 강화가 추진되었고, 원종 11년 마침내 정부가 개경으로 환도하고 왕권이 회복되었다. 하지만 왕권의 회복이 몽골의 적극적인 지원으로 이루어졌기 때문에 몽골의 영향력이 강화되는 것을 피할 수 없었다.

무신정변과 이후 약 100년 간의 무신집권이 단순히 문·무반 사이의 차별로 야기됐다고 보기는 어렵다. 또 이 시기에 정변이 이어지고 농민 항쟁이 폭발했다고 해서 이때를 순전히 퇴행적인 시기였다고만 볼 수는 없다. 무신집권기 역시 고려 건국 이후의 역사 흐름 속에서 문벌 사회가 고착되는 것을 막는 등 나름의 발전적 역할을 수행했기 때문이다.

요컨대 고려는 신라 말 이래의 사회 변화를 바탕으로 폐쇄적·귀속적 신분제 대신 개방적인 사회를 조직했다. 사회적 분업이 확대되고 지방 인재들이 중앙에 진출하는 가운데 과거제도·본관 제도·전시과 제도 등을 시행하여 사회를 통합했다. 이후 정치, 사회, 문화, 사상 등의 분야에서 다양한 요소와 원리가 공존하는 다원성의 면모가 두드러졌다. 국제적으로도 고려 전기에는 동아시아에서 어느 한 나라가 일원적 패권을 행사하지 못하는 다원적인 질서가 형성되었다. 경쟁과 소통을 내포한 다원성을 바탕으로 발전한 고려 사회는 역동적이었고 그런 탓에 고려의 지배층은 자주 교체되었다. 11세기 이후 지배 질서가 안정되어 중앙 지배층의 문벌화가 진행되었지만 무신정변에 의해 상황이 바뀌었다. 무신정변과 무신집권기에 이어진 정변 등이 정치적 혼란을 야기했지만 이로써 신진 관료들이 성장하고 신분이 낮은 사람도 권력을 잡는 기회의 시대가 도래했으며 문반과 무반 사이에 소통의 길이 열렸다.

5

열린 세계
고려를 말하다

안병우

한신대학교 한국사학과 교수. 서울대학교 국사학과에서 박사학위를 받았다. 주요 저서로 『고려 전기의 재정 구조』『북한의 한국사 인식 1, 2』(공저) 『14세기 고려의 정치와 사회』(공저) 『역대 중국의 판도 형성과 변강』(공저) 등이 있고, 주요 논문으로 「개방성과 고려, 그리고 현재의 동아시아」「중세고고학의 발전과 고려사 연구」 등이 있다.

고려는 여러 나라와의 교류를 통해 문물을 수입하고 안전을 확보하여 국가의 위상을 강화했다. 다른 나라와의 적극적인 교류는 개방적인 의식과 정책의 산물이었으며 내부 개혁을 단행하는 동력이 되기도 했다.

그런데 개방성이 대개 공간과 지위의 이동, 행정 및 정책 입안과 수행에 있어서의 공지성publicity, 정치적 입장의 다양성을 의미한다는[1] 정의에서 보듯, 개방은 국제 관계뿐 아니라 국가 내부의 집단이나 개인에게도 적용되는 개념이다. 한편 국가의 내적 개방성과 대외 교류 사이에는 깊은 관련이 있으며, 한 사회의 발전 정도를 판단할 때는 오히려 전자가 더 중요한 기준이 된다. 그런 점은 고려에서도 마찬가지였다.

개방의 내용은 무엇인가? 정보와 전략 물자에 대한 접근 기회, 공간이동의 권리와 기회, 지위 상승과 권력 획득의 기회, 사상이나 종교 문화에 접근하고 누릴 권리 등이다. 이런 권리와 기회가 누구에게나 평등하게 열린 사회를 개방사회라고 한다.

개방은 개혁이라는 단어를 자주 동반한다. 개방과 개혁 사이에는 깊은 관계가 있기 때문이다. 20세기에 단행된 대표적인 개방 사례인 중국의 개방 정책이 보통 개혁·개방으로 불리거나, 옛 소련의 개방 정책(글라스노스트)이 개혁을 뜻하는 페레스트로이카의 일부처럼 간주되는 것에서 그러한 모습을 볼 수 있다. 두 경우 모두 개방보다 개혁을 앞세운 것을 보면, 개방을 궁극적 목적이 아닌 개혁의 수단이나 그 일부로 여겼던 것 같다. 그러나 대내외적 개방을 전제하지 않는 개혁은 불완전하거나 불가능하기 때문에 개방은 개혁의 필수 조건이 된다.

개방과 개혁은 동시에 같은 수준에서 진행되지 않는다. 개방과 개혁 과정에서는 개방과 폐쇄, 개혁과 반개혁 세력이 치열하게 대립하고 그 세력들의 이해관계가 각기 다르기 때문이다. 대체로 개방에는 적극적이면서도 내부의 체제 개혁에는 소극적이거나 개혁에 반대 의견을 내는 비대칭 현상이 종종 나타난다.[2]

칼 포퍼는 개방사회를 폐쇄사회와 대비시켜 설명했다. 그는 마술적·부족적·집단적 사회를 폐쇄사회로, 개인이 결단을 내릴 수 있는 사회를 개방사회로 불렀다.[3] 곧 개방사회는 인간 지성과 합리적 논의를 바탕으로 의사 결정을 하는 사회이다. 그렇게 본다면 신분제도가 확고했던 중세 사회에서 개방사회의 요소를 찾는 것은 무망한 일이 될 것이다. 그러나 서구의 민주주의가 하루아침에 만들어지지 않았고, 서구의 이론과 사상을 받아들여 성립된 한국의 민주주의도 그것을 체화할 바탕을 형성하는 데 오랜 기간이 걸렸으며, 중세 왕조 체제 하에서도 개방을 향한 조치나 그것과 연관된 개혁이 점진적으로 추진되었음에 유의할 필요가 있다. 여기서는 한국사에서 중세로 여기는 고려시대를 중심으로 대외 교류와 개방성에 관해 살펴보고자 한다.

흔히 고려 사회의 특징으로 다양성과 개방성을 들어 고려 전기를 다원사회로 규정하기도 한다.[4] 다양성은 여러 종교와 사상이 공존한 현상을, 개방성은 대외 교류의 측면을 설명하면서 강조된다. 하지만 다양성은 개방적 사고에 바탕을 두고 있으므로 개방성이야말로 다양성의 기본이 된다. 이 글에서는 그러한 맥락에서 고려시대 개방성의 추이와 특성을 시기별로 살펴보고, 개방의 확대를 저지한 힘에 대하여도 이야기할 것이다. 개방의 추진과 저지를 함께 살피는 것은 그것이 고려의 개방성에 대한 이해와 그것의 현재적 의미를 이해하는 데 도움이 되리라 생각해서이다.

고려,
나라의 문을 열다

고려는 건국 초부터 중원의 여러 나라와 적극적으로 외교 관계를 맺었다. 고려가 건국될 무렵 중원은 오대십국이 다투던 격변의 시대였다. 태조는 건국 이듬해 오월吳越에 사신을 파견한 데 이어 후량, 후당, 후진에도 사신을 보냈고, 혜종과 정종, 광종 대에도 후진, 후한, 후주, 송과 외교를 계속했다. 고려가 적극적으로 대외 교류를 추진한 것은 후삼국 쟁패 과정에서 우위를 차지하고자 하는 정치적 목적과 동아시아에서 국가 위상을 확고히 하려는 외교적 목적, 중국의 선진 문물을 흡수하려는 문화적 목적에서 비롯된 것이다. 문종이 거란의 강압으로 단절했던 송과의 외교 관계를 신하들의 반대를 무릅쓰고 억지로 재개한 것도 그런 이유에서였다.

한편 고려는 해외 이주민을 적극적으로 수용하는 개방적 태도를 보였다. 오대십국의 혼란기에 고려는 중원에서 온 이주민과 고려로 귀부한 여진인, 거란인을 받아들였으며, 특히 발해 유민들을 대거 받아들였다. 중원에서 이주한 사람들 중에는 문사文士로[5] 표현된 지식인들이 포함되어 있어서 중국의 선진 문물을 수용하는 좋은 기회가 되었다. 또 고구려 계승을 표방한 발해 유민의 대거 이주는 신라 삼국 통일의 한계를 극복했다는 민족사적 의의를 지녔다. 이는 고려가 다원사회로 발전하는 요인으로 작용하기도 했다.[6] 건국 초기 고려는 발해 유민 수용에 적극적이었으나 시간이 흐르면서 동류 의식과 정책적 배려가 약해졌다. 처음의 포용성과 개방 의식이 문벌이 형성되는 국면에서 약화되어 갔기 때문이다.

거란과의 교류에 대해서는 비교적 소극적이었다. 거란의 거듭된 요구에도 불구하고 고려가 국경 지역 무역장 개설에 동의하지 않은 것이 그러한 입장을 잘 보여준다. 그러나 고려가 거란과의 교류를 완전히 봉쇄한 것은 아니었으며 거란으로부터 적지 않은 영향을 받기도 했다. 최근 연구에 따르면 국교 수립 후 거란에 대한 고려의 인식은 거란을 금수로 여기던 태조 때와는 완전히 달라졌다. 심지어 거란 문화를 모방할 만한 것으로 평가하기도 했다. 실제로 고려 전기의 공예품, 도자, 불탑과

송에서 고려로 귀화한 문신 채인범의 묘지명

송 출신의 문신 채인범은 970년 사신으로 왔다가
고려로 귀화하여 상서예부시랑까지 올랐다.
고려는 중원에서 이주한 지식인들을 적극적으로 받아들여
선진문물 수용의 기회로 삼았다

불상 등은 양식과 재질, 기법 등의 측면에서 뚜렷하게 거란의 영향을 받았다.[7]

체제 개혁의 두 기둥
과거제와 대간제

고려 전기의 대외 개방이 정치·사회적 개혁으로 연결된 대표 사례로 과거제의 시행을 들 수 있다. 고려의 네 번째 왕 광종은 후주에서 귀화한 쌍기의 건의를 받아들여 과거제를 도입했다. 새로운 지배층을 형성해 왕권을 강화하려는 목적이었다. 물론 그 바탕에 신라의 독서삼품과 경험과 유교 교육의 보급이 있었음을 부정할 수 없지만 이는 귀화인을 우대한 고려의 개방성이 낳은 성과였음에 틀림없다.

과거제는 시간에 따라 내용이 조금씩 바뀌었지만, 광종 9년부터 공양왕 3년까지 434년간 평균적으로 2년에 한 번씩 253회 실시됐다. 무신정권기와 대몽항쟁 기간에도 과거를 치렀다. 확인되는 급제자는 제술과와 명경과에서 6735명, 잡과 등의 합격자까지 합치면 대략 7000명에 이른다.[8] 물론 과거 합격자가 모두 관직에 취임한 것은 아니지만 과거는 양적으로나 질적으로 고려시대 관료 충원의 가장 중요한 통로였다.

과거로 관료를 선발함으로써 문관을 중심으로 하는 관료제가 형성되고, 문관치국, 즉 문관이 나라를 다스린다는 원칙이 수립되었다. 유학, 문학, 역사 소양을 갖춘 문관 관료층의 형성은 선진적이고 합리적인 정부 조직을 건설하게 했다. 과거제는 고려의 정치가 합리적인 유교 이념에 기반을 두고, 불교에 좌우되는 신정국가가 되지 않도록 하는 데 결정적으로 기여했다. 또 정치 주도층이 무인에서 문인으로 바뀜에 따라 유학 교육이 널리 시행되고, 무인이나 지방 성주·장군의 후예 가운데 관인이 되고자 하는 이들은 유학을 공부하는 독서인이 되었다.

과거제의 도입으로 골품제에 기반을 둔 신라의 관등제가 폐기되고, 관료로 진출할 수 있는 길이 더 넓은 계층에게 개방되었다. 고려의 양인 신분은 품계를 가진 벼슬아치인 품관과 그 아래에서 실무를 담당한 서리(향리)층, 그리고 일반 평민층으로 구분할 수 있는데, 과거를 통해 평민에서 관리로, 향리에서 품관으로 계층 상승이 가능했다. 고려는 품관층의 지위를 신분화하지 않음으로써 향리나 평민이 지배층으로 진입하는 길을 열어두었다. 이로써 향리 출신도 과거를 통해 최고 지배층으로 성장할 수 있었다.

중국에서 과거제는 원칙상 초계급적이다. 중국에서는 과거를 통해 상하층이 평화롭고 합법적이며 지속적으로 섞이게 함으로써 계급 모순을 완화하고 국가 기구의 활력과 효율을 유지하고자 했다. 그러한 사정은 고려에서도 비슷했다. 고려의 과거제는 지방의 정치·사회 세력이 중앙으로 진출할 수 있는 길을 개방하여 향리 자제들이 과거 공부에 몰두하게 했다. 이는 지방을 안정시키고 중앙 권력이 지방에 침투하는 효과를 거두었으며, 새로운 관료층을 충원해 국가에 활력을 불어넣었다.

역사상 한반도의 여러 국가들은 중국의 제도를 도입해 체제를 개혁했다. 율령제를 일거에 도입한 일본의 다이카개신 같은 극적인 개혁은 없었지만, 당송의 제도를 도입한 신라 경문왕이나 고려 성종 때의 개혁은 정치제도적 측면에서 커다란 의미를 갖는다.

개방 정책의 또 다른 성과로 관원의 부패를 막기 위한 대관제와, 언론을 통해 왕권을 견제한 간관제의 도입을 들 수 있다. 중국의 대관제와 간관제는 진·한대에 시작되었다. 대관제는 당에 이르러 어사대로 정비되었고, 간관제는 수나라 때 집서성과 문하성에 간관을 배치하는 것으로 정비되었다. 신라에서는 진흥왕 때 중앙 귀족을 통제할 목적으로 사정 담당 부서를 두었고 무열왕 이후 사정부, 외사정, 내사정전으로 발전했다. 발해에서도 감찰기구로 중정대를 두고, 선조성에 간관을 두었다.[9] 그러나 삼국과 발해에서 간관의 활동은 그리 활발하지 못했다.

고려는 건국 초기에 사헌대를 두어 관원의 비리를 감찰하게 했으며, 내의성의 내의사인이 간관의 기능을 수행케 했다. 사헌대는 성종 때 어사대로 변경되었고, 간관의 기능은 내사문하성^{중서문하성}의 낭사들이 담당하게 되었으며, 대간의 규모와 인원을 크게 확충했다. 이렇게 보면 고려에 와서야 감찰과 간관의 기능이 법으로 규정되고 제도상으로 확실히 보장된 셈이다.

고려의 대간제를 귀족의 이익을 대변하는 제도로 보기도 한다. 하지만 관원의 부패를 방지해 청렴도를 높이는 데 기여하고 정책 결정과 인사에 투명성을 확보하는 장치였다는 점에서 대간제는 국왕과 신료를 비판하고 견제하기 위한 제도로 보는 것이 타당하다. 특히 고려의 대간이 관원 임명의 가부를 최종적으로 결정하는 서경권을 행사한 것은 주목할 만하다. 서경권은 당송에서는 시행하지 않았던 제도로, 국왕의 인사권을 견제할 수 있는 유력한 제도였다. 고려는 이런 방법으로 국왕의 독재를 막았던 것이다. 이는 고려가 중국의 제도를 도입하면서도 주체적으로 변용하고자 했음을 보여준다.

위기와 번영이
공존한 고려 중기

11세기 중반부터 무신정변이 발생한 12세기 중후반까지는 위기와 번영이 공존한 시기였다. 각종 제도가 정비되고 농업 생산력이 발전한 데 기초해 문화가 난숙기에 접어들었으며, 대외적으로는 여진 정벌을 단행했다. 그러나 한편으로는 금에 대한 사대로 국가의 위신이 실추되었고, 개경기쇠설의 등장으로 위기의식이 팽배해졌으며, 이자겸과 묘청이 난을 일으키는 등 적지 않은 위기를 겪었다.

이 시기에 고려는 송과 국교를 재개하고 적극적으로 문물을 수입했다. 송 대장경을 비롯해 『문원영화집』 『책부원구』 『자치통감』 『태평어람』 같은 거질의 서적과 『신의보구방』 같은 의학서가 수입되었다. 선종 때 송을 방문했던 의천은 귀국하면서 여러 종파의 교장敎藏 3000여 권을 가져왔다. 거란과의 교류도 고려에 적지 않은 영향을 미쳤다. 특히 불교 진흥에 노력한 거란이 도종 때 대장경 조판을 완성하고 이를 보내온 것은 고려에 적지 않은 충격을 주었고, 고려로 하여금 거란을 다시 보게 하는 계기가 되었다. 이후 고려에서 거란에 사서와 문집 등을 보내고 의천이 거란의 불교 논쟁에 개입하는 등 양국 간의 불교 교류가 활발해졌다.

윤관의 동북9성 개척을 담은 「척경입비도」

고려 중기는 위기와 번영이 공존한 시기였다.
대외적으로는 여진 정벌을 단행하여 동북9성을 개척했으나
얼마 못가 금의 사대 요구까지 수용하는 치욕스런 상황을 맞았다.

이 시기 고려의 내적 개방성은 약화되었다. 숙종은 왕안석의 신법을 수용해 체제 개혁을 추진하고 부국강병을 실현하고자 했다.[10] 그러나 숙종의 개혁이 큰 성과를 거두지 못하고 예종 초에 단행한 윤관의 여진 정벌이 실패로 돌아가면서 변혁의 방향은 예제 정비와 교육 개선 등으로 수정되었다. 과거는 여전히 시행되었지만 고위 관료의 자제들이 과거나 음서를 통해 주요 관직에 진출하면서 관료층이 고착화되고 문벌이 형성되었다. 부계로 보면 인주 이씨, 해주 최씨, 파평 윤씨, 정안 임씨, 철원 최씨, 공암 허씨, 수주 최씨 등이 대표적인 문벌로 꼽히지만 문벌이 정치 세력으로 결집하는 데에는 부계와 모계가 거의 같은 영향을 미치는 양측적 친속관계가 작용했다.

현종 이후 고려 왕실이 근친혼에서 다른 성의 관료 가문과 결혼하는 것으로 입장을 바꾸면서 외척이 등장했다. 외척의 시초는 현종에게 딸 둘을 시집보낸 김은부였으나 문종 이후 이자연의 후손들이 계속 후비로 들어가면서 인주 이씨가 강력한 외척으로 떠올랐다. 왕실의 통혼 범위를 최소화하려는 의도에 따라 외척은 소수 가문에 한정되었지만[11] 그들은 최고의 문벌로서 왕실과 문벌 네트워크를 접속하는 역할을 했다. 그 결과 본래 왕실을 돕는 역할을 했던 외척의 힘이 강해져 그들이 왕권을 제약하는 지경에 이르기도 했다. 이자겸의 난은 그런 상황에서 발생한 사건이다.

문벌과 그들의 네트워크가 최고 권력에 접근할 수 있는 기회를 독점하면서, 문벌에 속하지 못한 관료 가문들이 소외되고 신진 관료들의 진출도 어려워졌다. 이자겸이 한안인 세력을 축출한 것은 문벌이 신진 세력의 진출을 배척하는 과정에서 발생한 사건이었다. 관료의 문벌화는 과거제가 낳을 수 있는 병폐의 하나인데[12] 고려에서는 과거를 시행한 지 한 세기만에 이런 현상이 나타난 것이다.

문벌이 주도하는 사회에서 유학과 교종 불교가 맹위를 떨치면서 사상의 균형도 파괴되었다. 왕자 출신의 대각국사 의천이 교종을 중심으로 교선 통합을 추진한 결과 선종 세력은 크게 위축되었다. 예종 때 교단을 성립한 도교 역시 이자겸의 난을 거치며 타격을 입었다. 윤관의 여진 정벌이 실패로 돌아가고 숙종이 추진했던 신법 개혁이 변변한 성과를 거두지 못한 상황에서 각지에서 유민과 도적이 발생하는 사회적 위기가 닥쳤다. 이에 고려는 국가 위기를 극복하고 민생을 안정시키기 위해 송에서 도교를 들여와 진흥시켰다. 이를 주도한 것은 예종과 이중약, 한안인, 정지상 등의 신진 관료였으나 인종 초 이자겸에 의해 한안인과 이중약이 살해되었다. 그 결과 고려에서는 사상의 다양성뿐 아니라 현실에 대응하는 탄력성도 위축되었다. 국자감 학생들의 도교 공부를 금지한 것이나 인종 때 무당을 멀리 도성 밖으로 축출하려고 한 것도 사상의 다양성을 부정하는 조치였다.[13]

뒤 이은 묘청의 난은 개경기쇠설에 대응하고 금에 대한 사대 결정으로 실추된 고려의 국제적 위상을 회복한다는 명분 아래 일어난 사건이다. 묘청의 풍수도참적 혁신 방안은 재이를 하늘의 꾸짖음으로 해석하고 왕의 도덕적 수양을 강조하는 유학자들의 합리적 정치론과 대립했고, 마침내 난의 형태로 폭발했다. 풍수도참사상은 건국 초부터 큰 영향력을 발휘해왔지만, 정치의 전면에서 이념 대결을 하거나 권력 투쟁을 벌이지는 않았다. 그러던 중 고려가 대내외적 위기에 처하자 묘청이 대화세와 팔성이론을 제시하며 서경 천도를 통해 권력을 장악하려 한 것이다. 이때가 바로 풍수도참의 전성기였다. 하지만 묘청난이 실패함으로써 한동안 논리적인 풍수 이론은 출현하지 못했다. 풍수도참에 대한 유학자들의 비판은 점점 더 고조되어서 무신정권기에 이르러서는 전보다 훨씬 단호해졌다.

일각에서는 묘청 일파가 희생양이 됨으로써 고려의 유교 정치가 청산과 같은 도덕주의 담론으로 회귀했다는 해석도 있다. 어찌 됐든 청산 정국은 상대를 인정하고 포용하는 관용과 개방성이 약화되었음을 보여준다. 이 시기 고려에서는 아집과 독선이 판치고, 특정한 분파가 권력을 독점하는 현상이 나타났다. 결과적으로 묘청난은 사상의 다양성과 개방성의 위기를 초래한 것이다.

무신정변,
고려 사회를 뒤집다

무신정권기의 대외 교류는 몽골과의 전쟁을 기준으로 두 시기로 나눌 수 있다. 몽골과 전쟁을 시작하기 전 고려의 대외적 개방성은 전반적으로 답보 내지 후퇴했다. 그렇게된 데에는 정권을 쥔 무신들의 속성과 급박한 동아시아 정세 변화의 영향이 컸다. 당시 중국에서는 요와 북송이 멸망하고 금과 남송이 건국되었다. 고려는 금과 정기적으로 사신을 교환했지만 적극적으로 문호를

도선국사 진영

고려 중기 **묘청난의 실패**로
풍수도참에 대한 유학자들의 비판이 거세졌다.
이는 고려의 사상적 다양성과 개방성의 위기를 초래했다.

개방하거나 교류하지는 않았다.

1219년 고려는 몽골과의 연합작전으로 강동성에서 거란군을 섬멸했다. 이때 고려에 투항한 동여진 사람 주한을 개경으로 불러 여진소자를 가르치게 했는데[14] 이는 굉장히 상징적인 사건이었다. 고려가 금에 사대한 지 한 세기가 다 되도록 여진소자를 배우지 않았던 것은 여진을 인면수심의 존재로 보고 그들의 문화를 하찮게 여겼기 때문이었을 것이다. 이렇듯 고려는 여진에 대해 폐쇄적인 태도를 유지하면서 그들의 문화를 부분적으로 받아들였다.

남송과의 교역은 유지되었으나 송상의 왕래는 전 시기보다 현저하게 줄었다.[15] 물론 중국 문물에 대한 관심이 줄어든 것은 아니었다. 1225년 최우가 "문물과 예악은 한결같이 중화의 제도를 따르고, 송나라에서 오는 자는 어사대의 대관과 중서문하성의 성랑, 그리고 인사를 담당하는 이부와 병부의 청요직을 허락하되 자질에 따라 뽑아 쓰라."고[16] 건의한 데서 남송에 대한 그의 인식을 알 수 있다. 그러나 이 시기 고려와 남송의 교류는 무신 집권 세력이 무역에 참여해 이익을 취한 몇몇 사례를 제외하고는 크게 제한적이었다. 당시 고려는 국가 수준에서 사신을 파견하고 문물을 들여오는 개방 정책을 실행하는 대신 주로 상인들의 교류에 의존했다.

몽골에 대한 인식은 부정적이었다. 강동성 전투 후 처음 고려에 온 몽골 사신 포리대완은 '무례하고 추악한 오랑캐'로 인식되었다.[17] 이렇듯 부정적인 인식은 몽골에 개방적인 태도를 갖지 못하도록 했다. 새로 등장한 외부 세력에 개방적 자세를 취하려면 우선 상대를 정확하게 인식해야 한다. 당시 고려가 몽골의 실체를 얼마나 정확하게 파악하고 있었는지는 의문이지만, 몽골을 정상적인 교류의 대상으로 고려하지 않은 것은 분명하다.

1231년 이후 대외 접촉의 주 대상은 몽골이었고, 교류의 주 내용은 전쟁과 몽골군 철수 협상이었다. 이 협상에서 고려는 전쟁을 끝내는 것보다 당면한 위기를 모면하는 데 치중했다. 그 때문에 일단 몽골군이 철수하고 나면 국왕이 친조하고 인질을 제공하며 군량과 병력을 지원하겠다는 등의 협약을 파기하는 일이 계속됐다. 그리하여 몽골군의 침입과 철수가 반복되는 형태로 전쟁이 지속되었다.

전쟁 중에 문물 교류와 같은 대외 개방 정책이 시행되는 것을 기대할수는 없다. 이 기간에는 송상의 왕래도 거의 중단되었다. 남아 있는 송상왕래 기록은 1231년 7월 몽골군이 침입하기 직전과[18] 1260년 10월 몽골군이 철수한 직후의 것이다.[19] 실제로 전쟁 기간에 송상의 활동이 전혀없었는지 아니면 기록이 누락된 것인지는 알 수 없다. 다만 '제주는 송상과 왜인이 무시로 왕래하는 곳'이라는 표현[20]으로 볼 때 상인들이 왕래했을 가능성이 전혀 없지는 않다. 하지만 당시에는 남송 또한 몽골의 공격을 받는 처지였으므로, 국제 무역이 위축되었을 것임은 분명하다.

무신정변과 이 시기 농민·천민의 봉기는 여러 요인이 복합적으로 작용해 발생한 사건이다. 하지만 여기에는 향리층과 평민층은 물론 여진 정벌과 묘청난 진압에 공헌한 무신들의 계층 상승 가능성이 줄어든 것도 적지 않은 영향을 주었다. 무신정변에 다수의 하급 무관과 병사들이 적극적으로 참여해 문벌 체제를 타도한 사실이 이를 뒷받침한다.

무신정권기 내부의 개방성은 불균형적으로 확대되거나 위축되었다. 문객이나 사병, 심지어 노비 출신까지 신분에 관계없이 관직에 진출했다. 비록 신분 이동은 개인 수준에 그쳤지만, 노비의 관직 진출은 신분제가 정상적으로 작동하는 시기에는 있을 수 없는 혁명적 개방의 예로, 고려 후기 신분제 동요를 상징하는 사건이었다. 신분제의 동요 속에서 농업으로 부를 쌓아 신분을 상승시킨 노비도 출현했다.[21] 그러나 그러한 개방은 예외적인 것이어서 제도로 확립되지는 못했다. 제도적 측면에서의 개방성은 향·소·부곡 같은 특수 행정구역이 폐지되기 시작한 모습에서 확인할 수 있다. 부곡의 소멸은 그간 차별받던 지역 주민들이 군현민과 동등한 권리를 누릴 수 있도록 문호가 개방되었음을 의미한다.

문벌 주도의 문인 정치가 막을 내렸음에도 과거는 계속 실시됐다. 많은 문벌들이 된서리를 맞았기에 향리나 하급 관원의 후손들에게 유리한 국면이 조성되었다. 그러나 과거에 합격해도 관료로 임용되려면 무신집정의 선택을 받아야 했고, 관료로 진출해도 정책 결정에 참여하기 어려웠다. 집권 직후 최우가 인민들의 소망에 따라 가난한 선비를 많이 발탁한 것처럼[22] 관료 선발에 자의성도 작용했다. 그에 따라 과거제 위에 구축된 개방적 관료 충원의 정신이 변질될 위기에 처했다.

반면 이 시기 고려의 최고 지배층은 지극히 폐쇄적으로 형성되고 유지되었다. 무신집정은 국왕을 허수아비로 만들고, 교정도감이나 정방 같은 기구를 임의로 설치해 국왕도 갖지 못했던 독재권을 행사했다. 최씨 집정의 지위는 4대에 걸쳐 계승되었고, 권력은 그들의 측근과 친인척들에게 집중되었다. 실질적인 지위의 세습은 왕족들이나 누리던 특권이었다. 그런 면에서 볼 때 집정은 귀족과 같은 성격을 가졌다. 무신집정의 독재 아래 관료제는 정상적으로 작동하지 못했고, 관료제 안에서 부패 감시와 간쟁을 담당하던 대간의 기능은 위축되었다. 무신집정은 자의적으로 관원을 임면하거나 유배 또는 살해했고, 심복들과 함께 농장을 설치하고 고리대를 운용하여 경제적 이익을 챙겼다. 그럼에도 법과 제도를 무시한 그들의 행위는 규제받지 않았다. 이에 땅을 잃고 과도한 수탈에 허덕이던 농민들이 봉기했다. 요컨대 무신정권기에는 대외적 개방성이 현저히 위축된 가운데 내부의 개방성은 편파적으로 확대되거나 축소되는 기형적인 양상이 전개됐다.

제국의 등장과
강제된 개방

원 간섭기에 이르러 대외 교류의 사정은 일변했다. 고려가 원의 부마국으로 자리 잡으면서 몽골에 전면적으로 개방된 것이다. 고려는 몽골제국에 속한 다른 민족들의 문화를 직접 접하게 되었고, 사상 처음으로 국왕이 외국을, 그것도 빈번하게 방문하게 되었다. 원 간섭기의 개방은 국권을 크게 제약받은 상태에서 일어난 비정상적이고 불가피한 선택이었지만, 대외 개방성의 정도는 그 어느 때보다 높았다.

충렬왕은 몽골식으로 머리를 자르고 몽골 옷을 입고 귀국해 충격을 주었다. 고려와 몽골의 강화 이후 확립된 '세조구제世祖舊制'에 고려의 풍속을 유지해도 좋다는 조항이 있음에도 국왕 스스로 몽골의 풍속을 따른 것이다. 충렬왕의 뒤를 이은 충선왕 역시 즉위 후 원의 수도인 대도에 머물며 황실 주요 인사로 원의 정치에 참여했다. 그는 퇴위 후 이제현, 권한공 등을 만권당에 불러 원의 학자들과 교유하게 함으로써 원의 문화를 체득하도록 했다. 이런 기회를 통해 고려의 유학자들은 성리학을 보다 깊이 이해하게 되었다.

이 시기 고려와 원 사이에는 인적 교류도 활발했다. 왕비가 된 몽골 공주들을 비롯해 그녀들을 따라온 몽골인과 색목인들, 다양한 국적의 상인들이 고려에 거주하기 시작했다. 이들을 통해 몽골의 언어와 풍속이 전파되었다. 고려의 지배층 가운데 복식과 머리 모양을 몽골식으로 바꾸는 자들이 나타났고, 원의 과거에 합격해 관료가 되는 사람도 생겼다. 몽골어를 배워 통역관으로서 입신하거나 원에 환관 또는 공녀로 들어가 출세하는 자들도 나타났다.

당시 고려의 개방성을 보여주는 현상의 하나가 외국인의 귀화이다. 이 시기 대표적인 귀화인으로 제국대장공주를 따라온 겁령구들을 들 수 있다. 겁령구는 원래 집안 아이라는 뜻으로 원 공주를 따라온 사속인을 말한다. 제국대장공주의 겁령구 네 명은 출신 종족과 종교가 제각각이었다. 인후는 순수 몽골인으로 원과의 관계에서 사신 역할을 하여 재상까지 올랐으며, 연안 인씨의 시조가 되었다.[23] 고려인 차신은 어머니가 원 황실 가문의 유모였으며 상장군 찬성사를 지냈다. 장순용은 회회인으로 무관으로 출세해 첨의평리까지 승진했고, 덕수 장씨의 시조가 되었다. 노영은 색목인으로 분류되는 탕구트 사람으로 장군이 되었다.[24]

이들의 귀화는 고려의 계획이나 의도와는 관계없이 이루어졌기에 타율적 성격을 띠지만, 고려시대 다인종 교류의 양상을 잘 보여준다. 공민왕이 홍건적의 난을 피해 귀화한 위구르인 설손을 부원후에 봉한 것은 나라에 도움이 되는 인물을 적극적으로 받아들인 고려의 개방성을 잘 보여준 사례이다.[25] 설손의 아들 장수와 미수는 고려 말 명과의 외교 업무에 공헌했고, 동생 설사도 명의 사신으로 다섯 번이나 고려를 방문했다. 한동안 고려와 명의 외교는 설씨 가문이 담당했다고 할 정도로 이들의 역할이 컸다. 그밖에 여러 외국인이 귀화해 고려인이 되었다.

이 시기 고려는 원으로부터 개혁을 요구당하기도 했다. 원은 충렬왕 때 근친혼 금지를 요구했고, 이후 충선왕이 왕실과 문무 양반의 동성혼을 금지했다. 정동행성의 평장정사로 부임한 활리길사는 노비제 개혁을 추진했으나 고려에 의해 거부됐다. 활리길사는 원의 법과 관행에 따라 여자 노비가 양인 남자와 결혼한 경우 이를 정상적인 결혼으로 간주해 그 소생을 양인으로 판정하려 했다. 고려는 이러한 방침을 '부모 가운데 한쪽이 양인이면 그 소생을 양인으로 삼는 것'으로 인식했고, 이것이 고려의 전통적인 양천 판정 기준인 '부모 한쪽이 천인이면 그 소생을 천인으로 삼는다'는 원칙과 어긋나며, 원이 세조구제를 통해 보장한 고려의 국속을 무리하게 변경하는 것이라고 반발했다. 충렬왕은 노비 소유자들의 반대를 등에 업고 원에 상소를 올려 활리길사의 노비제 개혁 시도를 결국 좌절시켰다. 비록 외세에 의한 타율적 개혁이었지만 노비제 완화의 기회를 무산시킨 것은 당시 고려 사회가 그만한 탄력성을 지니지 못했음을 보여준다. 충목왕 때에는 정치도감의 설치와 전민변정을 요구받았다.[26] 정치도감을 통한 개혁은 기씨 일족인 기삼만이 옥사하는 바람에 중지되었다.

경제적으로도 고려는 원에 개방되어 있었다. 그 상징적 표징은 원의 지폐인 보초의 유입과 유통이라고 할 수 있다. 이에 대해서는 원에서 한 해 동안 발행한 보초의 50분의 1이 한 번에 유입될 정도로 고려에 들어온 보초의 유통량이 많아 보초가 고려의 독자 화폐인 은병과 동시에 유통되었다는 견해가 있는 반면, 보초의 유입 규모가 크지 않았고 그중 대부분이 여원 교역을 하는 정부와 관료, 상인 등에게 집중되어 국외로 다시 반출되었기 때문에 국내 통화 질서와 접촉할 여지가 적었다는 견해가 있다. 어떤 경우에도 원 보초가 고려의 통화 질서에 미친 영향은 제한적이었다. 고려는 원의 통화제도를 도입해 적극적인 화폐 개혁을 단행하지는 않았다. 고려의 주요 통화는 여전히 면포였다. 그러나 보초를 사용했던 경험은 공양왕과 조선 태종의 저화 발행에 영향을 주었을 것으로 보인다.

원 간섭기의 학문과 사상, 그리고 사회 변화에 큰 영향을 미친 것은 성리학의 도입과 확산이었다. 고려의 유학자들은 능동적으로 성리학을 도입했고, 성리학에 대한 깊은 이해를 바탕으로 사회 변혁에 앞장섰다. 성리학자들의 출신은 다양했지만 지방 향리의 자제들이 큰 비중을 차지했다. 이들은 대농장으로 대표되는 사회 모순을 비판하고 개혁 방안을 제시했다. 그런 면에서 개방을 통해 취득한 지식을 개혁에 활용하는 실천성을 보였다고 할 수 있다. 성리학 이해의 심화는 고려의 지배적 사상이자 종교였던 불교와의 관계 정립을 요구했다. 이제현이나 이색 등

안향 초상

원 간섭기에 고려의 내적 개방성은 확대되었다.
과거는 고려의 주요 관료 선발 제도로서 여전히 유효했고,
그 덕분에 성리학 도입에 앞장선 안향이나 이제현 등이
향리의 후예로서 정계에 진출해 새로운 바람을 일으켰다.

은 유학과 불교가 결국 같은 도를 추구한다는 입장에서 불교의 가치를 인정하고 그 폐단을 시정하고자 했으나, 최해, 정도전, 박초 등은 유교를 정통으로 삼고 불교를 이단으로 배척했다. 이러한 입장의 차이가 정치 세력과 연계되면서 사상의 다양성이 위협을 받게 되었고, 정도전 계열의 급진 개혁파가 조선을 건국한 후부터는 다른 학문과 사상에 대한 개방성이 거의 소멸됐다. 오직 성리학만 인정하는 사실상의 유일 사상 시대가 된 것이다.

원 간섭기에 내적 개방성은 확대되었다. 과거는 여전히 주요한 관료 선발 제도로 기능했으며, 성리학 도입에 앞장선 안향이나 우탁, 이곡, 안축, 백문보, 이제현 같은 이들이 향리의 후예로서 과거를 통해 정계에 진출해 새로운 바람을 일으켰다. 이들 신진 사대부는 왕과 협력해 당시의 사회 모순을 극복하고자 했다. 충선왕 때 왕명의 출납과 문서 작성 및 인사 행정을 담당하던 사림원이나 충목왕 때 설치된 폐정 개혁 기관인 정치도감에 배속된 관원들이 그러한 부류였다. 과거 출신의 신진 관료가 기댈 곳은 왕뿐이었고, 왕은 이러한 점을 이용하여 그들을 자신의 권력 기반 구축에 활용했다.

원과의 관계가 특수하게 형성되면서 과거 이외의 방법으로 관직에 진출하거나 권력을 누리는 부류가 생겼다. 항몽 전쟁과 삼별초 및 일본과의 전쟁에서 활약한 무인들, 원에 투항해 성장한 가문, 몽골어 통역관 출신들, 응방 관계자들, 원에 진출한 환관과 공녀 및 그 가족들이 그들이다. 그들 가운데는 관직에 나갈 수 없는 천인들도 포함되어 있었고, 비록 양인이라 하더라도 과거를 통해서는 관직에 진출할 수 없는 사람도 많았다. 다양한 사람들이 원과의 관계를 활용하여 관직에 진출하고 지배층으로 성장한 결과 지배 집단의 외연이 크게 확대되었다. 이는 원 간섭기라는 특수한 상황에서 권력에 접근하는 새로운 통로가 개방된 결과이며, 이 점이 원 간섭기에 나타난 고려 개방성의 특징이다.

개방사회로 가는 좁고 험한 길

고려는 이전의 통일신라보다 여러 면에서 개방적인 사회였다. 특히 대단히 폐쇄적인 신분제였던 골품제를 폐지한 것은 특정한 신분층이 정치권력을 독점하는 체제를 종식시키고, 정치 참여 계층을 지속적으로 확대하는 결과를 초래했다. 이는 한국사에서 귀족제가 사실상 종언을 고한 커다란 전환이었다. 성리학이 일원적으로 지배한 조선시대와 비교해도 유학과 불교, 도교와 풍수사상 등이 공존하고 각기 역할을 분담한 것은 개방적인 사회의 모습이었다. 이러한 현상을 유학 사상의 미성숙과 관련시키려는 견해도 있지만, 어떤 사상이나 그 자체가 완전할 수 없다는 점을 전제한다면, 다양한 사상과 신앙의 보장이야말로 개방사회의 핵심적 지표라고 하겠다. 그런 면에서 고려는 개방성이 높은 사회였다고 할 수 있다.

고려는 500년 가까이 존속하였고 여러 차례 정치·사회적 변동을 겪었으므로, 개방성의 정도도 그에 따라 변화를 겪었다. 대외적 개방과 내부의 개혁이 늘 일치하는 것도 아니었다. 외부에서 받은 자극을 내부 개혁의 동력으로 활용하려는 의지와 자세도 시기별로 같지 않았다. 고려는 건국 초기부터 중국의 여러 나라와 적극적으로 교류하며 선진 문물을 받아들였고, 그 과정에서 과거제를 도입하였다. 과거제의 실시는 고려의 지배층을 유학을 공부하는 문인 중심으로 변화시켰으며, 지방의 향리층 자제들이 중앙 관료로 진출하는 중요한 통로가 되었다. 개인적 차원에서라도 신분 상승의 길을 열어둔 것은 획기적인 조처였다.

고려 중기에 이르러 과거로 정계에 진출한 세력이 여러 대에 걸쳐 고위 관직을 차지하고 왕실과의 통혼으로 문벌로 성장했다. 문벌들이 정치와 사회를 주도하기 시작하면서 신진 세력의 정계 진출 통로는 눈에 띠게 축소되었다. 개방성은 위축되고 폐쇄성이 강해진 것이다. 이러한 현상에 반발한 무신들이 거사하여 문벌을 축출하고 권력을 장악하였다. 무신정권 시기 개방성은 비정상적으로 확대되거나 축소되었다.

원 간섭기에는 환관이나 역관 등이 원과의 특수한 관계를 이용해 새롭게 등장하여 정치 세력의 범위를 넓혔고, 성리학에 대한 이해가 심화되면서 불교와 도교 등 다른 종교를 배척하는 움직임이 강하게 나타났다. 이러한 움직임이 정치 세력화하고 마침내 권력을 장악함으로써 다양성을 부정하는 현상이 일반화되어 갔다. 개방성이 중대한 도전에 직면한 것이다.

중세 사회의 개방성은 한정적일 수밖에 없었다. 외국과의 인적 교류는 집권층이 독점했고, 무역도 사무역보다는 공무역 중심의 체제를 유지했다. 물론 이전 시기에 비해 대내적 개방성이 크게 높아졌지만 신분제의 한계를 넘기에는 역부족이었다. 노비의 재산 축적과 신분 이동은 개인적이고 일탈적인 현상이었을 뿐이다. 당시에도 개방사회로의 길은 좁고도 험했고, 폐쇄사회로의 유혹은 끈질겼다. 대외 개방과 내부 개혁의 비대칭도 여전했다. 활리길사의 개혁 실패는 개방에 저항하는 고려 사회의 힘이 강고했음을 보여주는 상징적인 사건이었다.

6

원 간섭기를
어떻게 볼 것인가

도현철

연세대학교 사학과 교수. 연세대학교 사학과에서 박사학위를 받았다. 주요 저서로 『조선 전기 정치사상사』, 『고려 말 사대부의 정치사상 연구』, 『목은 이색의 정치사상 연구』 등이 있고, 주요 논문으로 「고려 말 윤소종의 현실인식과 정치활동」, 「대책문을 통해본 정몽주의 국방 대책과 문무겸용론」, 「종법의 관점에서 본 고려 말 왕권 변동」, 「고려 말 사대부의 일본인식과 문화 교류」, 「원 제과(1333년)의 고려인·중국인 對策文 비교 연구」 등이 있다.

한국사에서 고려와 원의 관계는 전통적인 한중 관계에서 독특한 위치를 점한다. 전통적인 책봉·조공 관계에서 보면 고려는 원의 심각한 정치적 간섭에 의해 종래 형식적·의례적인 관계에서 실질적인 제후국의 모습으로 바뀌었기 때문이다. 또한 고려는 원의 부마국이 되어 원과 긴밀한 정치·문화적 관계를 맺고 원의 문화를 받아들여 동아시아 변방에서 세계사의 중심 무대로 나아가게 되었다. 그러므로 고려와 원의 관계를 살펴보고 원 문화 수용의 성격을 알아보는 것은 전통 시대 국제 관계에서 국가를 유지하고 선진 문화를 수용하는 고려의 역사적 위상을 이해하는 데 많은 도움을 줄 것이다.

고려 역사에서 원 간섭기는 몽골과 강화를 맺은 1259년부터 공민왕의 반원개혁이 마무리되는 1356년까지를 가리킨다. 이 시기를 규정하는 원 간섭기라는 용어는 한국사가 내재적으로 발전했다는 사관에 기초해 제시된 것으로, 고려가 원의 직접 지배를 받은 것이 아니라 자주 국가로 존속했음을 보여주고자 한 것이었다. 원 공주와 고려 왕(자)의 혼인, 원에 의한 고려 왕의 퇴위와 즉위, 관제의 개편, 정동행성의 설치와 그것을 통한 내정 간섭 기도 등 이 시기의 정치·군사적 예속 정도는 역대 어느 이민족에 대한 것보다 강했으나 토지 소유, 노비 개혁 등 하부구조 면에서 보면 강도가 낮은 편이어서 원의 지배가 고려의 사회구조에 전면적으로 관철된 것은 아니었다고 보는 것이다.[1]

하지만 원 간섭기 유학자들의 인식은 위의 시선과는 상반된 모습을 보였다. 최해는 "지금 원나라가 위에 있어 지극한 인과 풍성한 덕을 베풀어 천하를 기르고 있다. 고려는 첫 번째로 귀부했기 때문에 대대로 원나라 황실과 혼인하고 엄격하게 법도를 잘 지켜 상하가 서로 즐거워하며 변경에 조그만 긴장도 없이 풍년이 들고 있으니, 실로 천년 만에 오는 태평성대"라고 평가했고, 이색은 "원나라가 일어난 지 백년이 지나면서 문명이 퍼져 사방의 학사들은 자신의 재능을 발휘하려고 한 시대의 성황을 이루고 있다."라고 했다. 이들은 대원 관계를 긍정적으로 인식했을 뿐 아니라 원나라에서 도입된 유교 문화가 고려 사회를 진흥시키는 데 크게 기여했음을 높이 평가했다.

현대 한국사학계의 평가와 원 간섭기 유학자들의 인식이 갈리는 이유는 무엇인가? 그것은 역사 인식에 투영되는 당대의 문제의식과 연관되어 있는 듯하다. 새롭게 형성된 대원 관계를 바탕으로 중흥을 모색하는 것이 당대의 화두였던 반면, 현대 한국사 연구는 식민사관의 극복을 목표로 외세의 침략에 대한 자주적이고 개혁적인 역사의 궤적을 정립하는 데 초점을 모았기 때문이다. 그 점에서 역사는 현재의 시선으로 과거를 해석하는 당대사이면서 이를 바탕으로 미래를 지향하는 미래학이라는 사실을 새삼 확인하게 된다.

여기서는 일국사적 관점에서 벗어나 당시 동아시아 공통의 이념이었던 유교 수용 과정에서 구성된 고려 문화의 고유성에 대해 살펴보고자 한다. 이로써 앞서 언급한 서로 다른 시선들을 아울러 볼 수 있을 것이다.

고려와 원 관계의
특수성

고려와 원 관계에 대한 근대적인 연구는 식민사학에서 시작되었다. 일본의 식민사학자들은 한국사의 독자성을 부인하기 위해 한국사를 대륙 역사에 부속함으로써 타율성을 강조하는 전략을 구사했다. 해방 후 식민사학을 극복하려는 노력이 진행되었고 고려와 원 관계를 해명하는 것 또한 핵심적인 문제로 떠올랐다. 원의 지배는 비교적 강력한 것이어서 이때 고려가 국가적 독립성을 유지했는지를 해명하는 것이 관건이었다. 그리하여 고려에 정동행성이 설치되고 폐지되는 과정을 구명해 원 중심의 세계 질서 속에서 고려가 유일하게 독립국가로 유지되었음을 밝혀냈다. 당시 원은 각지에 행성을 설치해 해당 지역을 직접 지배했는데, 고려에 설치된 정동행성은 고려의 내정 감독 기관이라기보다 원 제국 내에서 고려의 지위를 규정하고 양국 간의 공적 연락을 담당하는 기관으로 기능했기 때문이었다. 이후 이 시기는 고려가 원에 강하게 예속되었으나 전통적인 사대 관계의 틀을 벗어나지 않았던 시기, 곧 원 간섭기로 규정되었다.

고려는 개경 환도를 통해 지배 질서를 안정시키고 원과의 새로운 관계 설정을 모색했다. 30여 년에 걸친 대몽 항쟁을 끝낸 고려는 양국의 위상을 전통적인 사대 관계, 곧 천자와 제후의 관계로 비정함으로써 체제를 보전하고 왕권을 안정시키려 했다. 원과의 오랜 전쟁에 지친 고려 정부는 원의 왕위 계승 국면을 틈타 강화 협상을 마무리하고자 태자(원종)를 입조시켰다. 몽골에 간 태자는 개봉에서 막냇동생 아리크부카와 왕위 계승을 다투던 쿠빌라이를 만난다. 훗날 원 세조가 되는 쿠빌라이는 이때 "고려는 만 리 밖의 나라로 당 태종이 친히 정복하려 했어도 복종시키지 못했는데, 그 나라의 세자가 오니 이는 하늘의 뜻이다."라며 기뻐했다. 쿠빌라이에게 고려 태자의 조회는 천명이 자신에게 있음을 선전할 수 있는 근거였기 때문이다.[2]

이 만남을 계기로 쿠빌라이는 고려와 사대 형식의 외교 관계를 맺었다. 당시 쿠빌라이는 한족의 제도를 수용해 중앙 관제를 중국식으로 개편하고 중통이라는 연호를 사용했다. 쿠빌라이가 고려의 태자를 제후의 예로 대우하고 고려 국왕으로 책봉하여 원의 연호와 책력을 하사한 것은 고려와 원의 관계를 천자와 제후라는 전통적 방식으로 정립하고자 한 것이었다. 고려의 입장에서 이는 사대 외교가 선왕의 도이자 나라를 보전하는 도라는 전통적인 대중국 외교를 계승한 것이었다.

고려는 한족 왕조인 송뿐 아니라 이민족으로서 중원을 지배한 정복

원 세조 쿠빌라이 초상

훗날 원 세조가 되는 쿠빌라이는
이때 "고려는 만 리 밖의 나라로 당 태종이 친히
정복하려 했어도 복종시키지 못했는데, 그 나라의
세자가 오니 이는 하늘의 뜻이다."라며 기뻐했다.

왕조 요, 금과도 사대 관계를 맺었다. 인종 4년(1126) 이자겸이 중심이 된 백관회의에서 금에 대한 사대를 결정했고, 그 결정은 이자겸이 숙청된 다음에도 지속되었다.

고려는 내부적으로 천자국의 위상을 견지했지만 왕조를 보위하고 실리를 얻기 위한 방안의 하나로 사대 외교를 택했다. 고려는 황제의 책봉을 받고 중국의 연호를 사용했으며 조공을 바쳤다. 책봉이란 본래 황제가 제후에게 관작과 물품을 하사함으로써 제후로서의 자격과 지위를 부여하고 그 나라를 신하 국가로 복속하는 일이었으나, 실제로는 왕위에 오르기 전에 중국 측의 의향을 타진하는 정도의 형식적 수속에 불과했다. 적어도 한족 국가의 경우 제후국의 왕위 계승에 구체적으로 간섭하는 일은 없었다.[3]

반면 원은 제후국 왕의 책봉에 실질적 권한을 행사했다. 1298년 충렬왕은 원에 의해 아들인 충선왕에게 왕위를 물려주었다가 8개월 만에 다시 즉위했다. 충숙왕과 충혜왕 역시 폐위되었다가 다시 즉위하는 과정을 밟는데, 이것이 바로 중조重祚라는 것이다. 책봉의 실질화는 다루가치를 폐지하고 고려에 관리를 상주시키지 않은 상태에서 원이 고려의 내정에 간섭할 수 있는 근거가 되었다.[4] 그러나 원의 책봉권 또한 고려의 전통적인 왕위 계승 원칙을 부정하지는 못했다. 왕위를 계승할 자격이 없는 사람이 책봉받은 적은 없었기 때문이다. 원의 책봉권 행사도 대부분은 부자 사이에서 왕위를 옮기는 정도에 불과했다.[5] 결국 이 역시 책봉·조공 관계의 연장선에 있었던 것이다.

한편 이 시기에는 친조가 행해졌다. 친조란 제후가 황제를 알현하는 것으로, 사정이 여의치 않은 경우에는 제후국의 신하가 왕 대신 황제에게 공물을 바쳤다. 1260년 3월, 고려의 태자(원종)가 입조하자 원 관리가 쿠빌라이에게 올린 글에서 "태자 전을 번국의 예로 대접하고, 왕으로 세워 신하의 직분을 다하도록 해야 한다."고 했고 쿠빌라이도 이를 받아들였다. 이는 원이 고려를 원 제국의 제후국으로 설정하고 있었음을 보여준다. 이는 고려 또한 마찬가지였다. 충렬왕은 "조근은 황제에게 하는 예절이고 근친은 출가한 딸이 어버이를 섬기는 예"라며 사신을 보내 공주와 함께 입조하게 했다. 원종의 입조와 충렬왕의 입조는 제후국의 의무를 다함으로써 국가 체제를 보전하고 왕권을 강화하려는 의도에서 진행되었다. 1272년 태자였던 충렬왕이 "부자가 조근하고 특별한 은혜를 받았으므로 우리나라 백성들이 목숨을 부지할 수 있게 되었다."라고 하고, 또 "조근의 예를 닦고 원 공주가 시집을 오게 되어 대대로 부마가 되었으며 고유의 풍속을 변경하지 아니하고 그 종사를 보전해 왔으니, 이는 세조 황제가 내리는 글의 취지에 힘입은 것이다."라고 한 데에는 그런 생각이 반영되어 있다. 비록 종래의 형식적이고 의례적인 책봉 관계가 실질화하면서 예속의 강도는 높아졌지만, 양국 관계의 기본적 성격은 여전히 전통적인 사대 관계의 틀을 벗어나지 않았다.

여원 관계의
세 가지 미스터리

고려와 원의 관계를 설명할 때

고려해야 할 세 가지 의문이 있다. 먼저 원 제국은 왜 강화도를 공격하지 않았는가 하는 것이다.[6] 고려왕조는 30년간의 장기 항전을 통해 세계의 대부분을 정복한 원 제국의 침입에서 국가를 지켜냈다. 고려는 섬이나 산성에 들어가 들을 비우는 청야 전술로 대응했고, 나말여초 이래 지역 단위 공동체로 구성된 지방군이 전국 각지에서 몽골군을 막아냈다.[7] 또 무신정권이 지방을 효과적으로 장악하여 조세를 징수하고 재정을 확보한 것이 장기 항전에 도움을 주었다.

몽골군의 기본 전략은 강화도를 직접 공격하기보다는 내륙 지방을 석권하고 유린함으로써 강화도 정부를 굴복시키는 것이었다. 강화도는 지리적으로 공격하기 쉽지 않은 데다 3중의 성곽과 훈련된 수군이 있고, 군의 방어력이 집중되어 있어 간단히 공격을 결단할 상황이 아니었기 때문이다.

기왕의 연구에서는 몽골군이 강화도를 공격하지 않은 원인을 약한 수전 능력에서 찾았으나 몽골군은 거란·여진·한족 등 다민족으로 구성된 군사 조직이라는 점에서 설득력이 떨어진다.[8] 원이 금·송 전선에 집중하기 위해 고려를 중점 공격 목표로 삼지 않았다는 지적도 있었으나 이 또한 받아들이기 어렵다. 고려에 대한 몽골의 공격은 1231년부터 1259년까지 이어졌는데, 금에 대한 공격은 1234년에 종료되었고 남송에 대한 공격은 1258년 이후에야 본격화되었기 때문이다.

역사상 유목국가들은 중원을 정복해 직접 지배하기보다는 군사적 위협과 약탈을 통해 필요한 물자만 확보하려 했다는 지적은 매우 시사적이다.[9] 흉노·돌궐·위구르 등은 중원에 대한 영토적 정복과 지배를 의

강화도 전경

흔히 원 제국이 강화도를 공격하지 않은 이유를
몽골군의 약한 수전 능력에서 찾는다. 하지만 몽골군은
다민족으로 구성된 군사 조직이었기에 언제든 수전이 가능했고
승리할 가능성도 높았다. 그렇다면 원은 왜 강화도를 공격해서
고려와의 길고긴 전쟁을 끝내지 않았을까?

도적으로 회피했다. 칭기즈칸 또한 처음에는 약탈―화친―공납으로 이어지는 전략을 구사했다. 몽골이 여진족의 금을 몰아내고 황하 이북의 영토를 차지하게 된 것 또한 칭기즈칸의 본의는 아니었다. 1214년 공물을 바치는 조건으로 몽골과 화친을 맺은 금이 돌연 수도를 옮겨 황하 이남으로 내려가자, 몽골은 부득이 전쟁을 재개할 수밖에 없었다. 이러한 사실을 고려하면 몽골이 강화도 공격에 소극적이었던 이유를 유추해 볼 수 있다. 유목국가의 일반적인 지배 전략, 고려의 끈질긴 저항, 고려를 복속했을 때의 실익에 대한 회의가 복합적으로 작용한 것이다.

두 번째로 몽골이 고려와 왕실 간 혼인 관계를 맺은 이유는 무엇일까? 결론적으로 고려와 몽골 두 나라의 이해관계가 맞아 떨어졌기 때문이다. 고려 왕실과 원 공주의 결혼은 1274년에 처음 이루어졌다. 원과의 강화에 반대하던 무신 권력자 임연은 1269년 원종을 폐위시키고 안경공 창을 세운 뒤 교정별감이 되어 무신정권을 재건하려 했다. 당시 몽골에서 귀국 중이던 태자(충렬왕)는 그 소식을 듣고 몽골로 돌아가 군사 개입을 요청했다. 쿠빌라이는 그를 특진상주국으로 임명해 병력 3000명을 주어 귀국케 하고 그 다음 달에는 병부시랑 흑적 등을 파견해 원종을 복위시켰다. 이에 원종은 폐위 사건의 진상을 설명하기 위해 직접 원으로 가서, 임연을 숙청하고 개경으로 환도하기 위해 필요한 병력 지원을 요청했다. 원종이 그 군대를 대동하고 귀국하자 홍문계와 송송례 등이 정변으로 이에 호응하여 마침내 무신정권을 종식시켰다.[10]

원의 도움으로 복위된 원종은 원에서 돌아온 다음 해인 1271년 2월 원에 사신을 보내 정식으로 청혼했고, 11월에 사신이 돌아와 쿠빌라이가 허혼한 사실을 알렸다. 고려가 원 왕실과의 혼인을 추진한 이유는 불안정한 정국 속에서 왕실을 안정시키고 국가의 위상을 강화하기 위해서였다. 임연의 원종 폐위 사건에서 볼 수 있듯, 무신 권력자들은 오랜 기간 권력을 잡고 정치를 좌지우지하면서 왕을 폐위하거나 옹립하는 전횡을 저질렀다. 그 결과 왕의 위상은 추락하고 권위는 손상되었다. 원종에게는 왕권을 회복하고 강화하는 것이 무엇보다도 절실했고, 그는 원에 의지해 이를 이루고자 했다.

한편 원에서는 남송 정벌과 일본 초유라는 동아시아 전략 속에서 고려와 밀접한 관계를 유지할 필요가 있었다. 주저하던 쿠빌라이의 마음을 바꾸어 놓은 것은 삼별초의 난이었다. 삼별초의 난은 고려의 전략적 중요성을 다시 한 번 일깨워주었다. 한반도 서남해안에 반몽 세력이 반거할 경우 일본 초유는 물론 남송 정벌에도 심각한 차질을 빚을 위험이 있었기 때문이다.

쿠빌라이는 고려 조정의 태도에 대해서도 의구심을 거둘 수 없었다. 물론 고려 조정은 남송·일본과의 은밀한 통교 의혹을 적극적으로 부정했고, 출륙환도의 약속을 지켰으며 삼별초 진압에 적극성을 보여 진도 탈환에 성공했다. 그러나 삼별초의 잔여 세력은 탐라를 근거로 강하게 저항하고 있었다. 따라서 쿠빌라이는 원종의 청혼을 수락함으로써 고려 왕실과의 관계를 돈독하게 하고 이를 기초로 삼별초를 소탕하여 한반도 서남해안을 완전히 장악하고자 했다. 이로써 남송·일본 정벌을 포함한 동아시아 경략의 초석을 삼으려 했던 것이다.[11]

고려는 원 황실의 부마국으로서 공주 소생의 아들을 세자로 세워 다

여몽 연합군의 일본 원정

원 세조 쿠빌라이는 1274년과 1281년,
두 번에 걸쳐 일본 침공을 강행한다.
쿠빌라이의 요청에 의해 결성된 **여몽 연합군**은
일본군의 거센 저항과 원정길에 닥친
강한 태풍 탓에 정벌에 실패한다.

음 국왕으로 즉위케 했다. 원종 15년인 1274년 태자 심(충렬왕)이 원 세조의 딸인 제국대장공주와 혼인을 맺은 이래 공민왕까지 7대 80여 년간 8명의 원 공주가 고려 왕과 혼례를 올렸고 그 소생의 국왕이 4명이나 탄생했다.

마지막으로 원 간섭기에 진행된 입성 관련 논의에서 원이 고려의 입성을 반대한 이유는 무엇일까? 입성이란 국호를 없애고 다른 나라에 하나의 성으로 편입되는 것을 가리킨다. 충렬왕 28년(1302)부터 충혜왕 복위 4년(1343)까지 7차례에 걸쳐 관련 논의가 이루어졌다. 이 가운데 3차 입성책동은 충숙왕 10년 유청신과 오잠이 고려를 원의 내지로 만들자는 상소를 올린 것에서 비롯되었다. 앞서 언급했듯 이 시기에는 원에 의해 국왕의 옹립과 폐위가 이루어졌는데 그 과정에서 부원배와 현왕의 반대 세력들이 결집하여 이전 왕 혹은 새로운 인물을 추대하려는 움직임을 보였다. 당시 원에서도 황제와 재상 사이에 치열한 권력 다툼이 전개되어 고려 왕의 위상이 흔들리고 있었다. 바로 그때 유청신과 오잠은 현왕(충선왕)의 아들(충숙왕)을 대신해서 충선왕의 조카인 심왕을 왕으로 추대하려 했다. 심왕 옹립 계획이 실패하자 그들은 고려의 지배권을 장악하려는 의도에서 고려를 원에 입성시키자는 주장을 제기한 것이다.[12] 이에 이제현은 고려왕조의 유구한 역사적 전통과 세조구제의 원칙을 들어 단호하게 반대했다. 원은 고려와 형제 맹약을 맺어 협력 관계를 유지할 뿐 아니라 고려의 옛 풍속을 고치지 않고 종묘사직을 보존하겠다고 약속했다는 것이다.

이때 원의 관리들도 고려의 입성을 반대한 것은 의외의 사실이다. 원

나라의 관리 왕관은 원의 우승상에게 고려의 입성을 반대하는 글을 올렸다. 표면적인 반대 이유는 쿠빌라이가 제시한 불개토풍不改土風의 유훈이었다. 여기에는 고려의 체제와 문화의 독자성을 존중하겠다는 의미가 담겨 있으므로, 고려를 원에 편입하는 것은 쿠빌라이의 유훈에 위배된다는 논리였다.

그러나 쿠빌라이가 고려의 항복을 받고도 체제 유지를 허락한 것은 그것이 효율적인 방책이었기 때문이다. 고려의 체제를 유지시켜 제국의 울타리로 기능하도록 하는 것이 고려를 복속시켜 직접 지배하는 것보다 훨씬 효과적이라는 현실적인 판단이 있었다. 또 고려는 지형적으로 산이 많고 바다에 막혀 있어 경제적 가치 또한 그리 높지 않았다. 아마도 그것이 입성을 반대했던 부수적인 이유 중 하나였을 것이다.[13]

이상 세 가지 사례는 고려와 원 모두 국가의 보위와 안녕을 위해 실리 외교를 전개했음을 보여준다. 원은 현실적 판단에 따라 강화도에 대한 공격을 유보하고 왕실 간의 혼인을 허락했으며 고려의 입성을 반대했다. 이는 원 간섭기 고려와 원의 관계가 동아시아 전통의 책봉·조공 관계라는 큰 틀 안에서 유지되고 있었음을 실증하는 것이다. 사대 외교란 중국을 중심에 두고 다른 민족들을 변방에 놓는 상하 위계질서를 설정하되, 주변 국가의 존립을 보장하여 세력 간 견제를 통해 균형을 이루려는, 유구하고 효율적인 세계 전략이었다.

몽골 바람에 맞선
불개토풍

고려는 원 문화를 주체적 입장에서 수용했다. 사대 관계를 맺고 원의 부마국이 되어 정치·문화적으로 긴밀한 관계를 유지하는 과정에서 양국 간의 인적·물적 교류가 활발해졌다. 고려는 원 문화를 다방면에서 자연스럽게 수용했다. 원은 중원을 완전히 정복하고 지배하기 위해 한화 정책을 추진하고 유교를 국교화했지만 몽골 고유의 문화를 보존하고 발전시키는 정책 또한 추진하여 정체성을 지키려는 노력도 게을리하지 않았다. 몽골문자를 만들고 몽골 역사인 『원조비사』를 편찬한 것 또한 그런 맥락과 닿아 있다. 그런 점은 중원을 차지한 다른 유목민족들이 한화 정책으로 중국에 동화된 것과 대비된다. 고려 또한 이러한 정책을 수용하여 원 제국이 주도하고 제시하는 문명 전환 흐름에 동참했다.[14]

고려와 원 사이에는 양국 간의 관계를 규정하는 세조구제라는 원칙이 존재했다.[15] 양국이 강화를 진행하던 초기에 원은 고려 원종의 불개토풍 요구를 수용했다. 불개토풍이란 표면적으로는 의관과 복식은 고려의 풍속을 따라 바꾸지 않겠다는 뜻이지만, 실제로는 복식을 포함한 고려의 풍속을 유지하고 종묘와 사직, 즉 왕조 체제의 존속을 약속받는 중요한 근거로 작동했다.

몽골은 유목 전통에 따라 복속지에 6사를 요구했다. 6사란 인질을 보낼 것, 군대를 보낼 것, 식량을 보충할 것, 역참을 설치할 것, 호구를 조사할 것, 다루가치를 설치할 것의 6가지 요구 사항을 말한다. 임연의 원종 폐위 사건과 원종의 복위, 무신정권의 붕괴 등 일련의 사태가 원의 군사력에 의해 안정되었으므로 고려는 원의 요구를 거부하기 어려웠고 결국 6사가 실행되었다. 하지만 1278년 충렬왕이 친조 외교를 통해 6사 가운데 군대 파견과 다루가치 설치, 호구 조사의 의무를 폐지함으로써 불개토풍의 원칙이 중요한 의미를 갖게 되었다. 이후 쿠빌라이가 승인한 불개토풍과 그 속에 담긴 국가 및 본국의 풍속 유지라는 큰 틀은 바뀌지 않았다. 충숙왕 10년 3차 입성책동에 대한 반대 근거는 쿠빌라이의 유훈을 지켜야 한다는 것이었고, 이곡이 공녀 파견에 반대한 근거 역시 그것이었다. 세조구제는 여원 관계에서 고려의 독립성과 풍속을 유지하고 고려 문화를 존중한다는 의미로 사용되었다.

그렇다고 고려가 국속만 고수하면서 외래문화나 원제의 도입을 반대한 것은 아니었다. 고려는 내적 필요에 의해 성리학을 비롯한 원의 문화와 제도를 주체적으로 수용했다. 충선왕 복위 6년 정동행성 관리로 온 게이충이 "지금 사해四海가 한 집안이 되었는데, 어찌 중국의 법을 동국東國에서 행하지 않는가?"라면서 원제의 도입을 주장하자, 이곡은 "고려는 옛날 삼한의 땅으로 풍기風氣와 언어가 중국과 같지 아니하며 의관과 전례에 대한 하나의 법을 독자적으로 행해왔다."는 사실을 전제로 고려와 원의 풍속을 병용할 것을 주장했다.

이와 관련하여 충렬왕 26년(1300) 원의 관리가 원나라의 법제에 근거해 고려에 노비개혁을 요구한 사실이 주목된다.[16] 당시 정동행성 평장정사였던 활리길사는 고려의 노비법인 일천즉천一賤則賤, 즉 부모 중 한쪽이 노비이면 자식이 노비가 되는 법을 개정해 중국 신분법인 일양즉양一

良則良, 즉 부모 중 한쪽이 양인이면 자식을 양인으로 하는 개혁을 요구했다. 활리길사의 요구는 원의 법과 제도를 도입해 고려의 풍습을 고치려는 것이었다. 토지와 노비는 주요한 물적 기반이자 신분제 유지의 원천이므로 고려의 지배 질서를 유지하려는 입장에서는 그 요구를 결코 받아들일 수 없었다. 고려의 문신 김지숙이 세조구제를 들어 활리길사의 노비제 개혁에 반대했고, 충렬왕과 최유엄을 비롯한 관리들 또한 고려의 풍속과 예절을 유지해야 한다는 명분을 걸고 활리길사의 요구에 저항해 이를 관철시켰다.

그러나 실제로는 충렬왕 이후 어머니만 천인인 사람들의 관직 진출이 좀더 활발해지는 양상을 보였다.[17] 일례로 강윤소와 전영도 등은 본래 노비로서 천인 신분이었지만 국왕의 총애를 받아 고위직에 올랐고, 채홍철, 최안도 등도 어머니가 천인이었으나 과거에 합격해 재상까지 승진했다. 이는 고려가 원의 개혁 요구를 부분적으로 받아들인 결과라고 생각된다.

충선왕은 고려의 제도를 개혁하고 원의 문화를 적극 수용하고자 했다.[18] 원에 체류하는 동안 충선왕은 쿠빌라이의 한화 정책에 부응하여 원의 과거제 시행에 기여했고, 연경에 만권당을 설치해 요추, 염복, 원명선, 조맹부 등 당대 최고의 유학자들을 초치했으며, 그들과 고려인들의 교류를 주선해 이제현과 같은 유학자들이 성리학을 익히고 원의 문화를 수용하도록 했다. 충선왕은 고려로 돌아와 복위한 뒤에도 정동행성의 관리들에게 원 조정의 예를 쓰도록 했고 응거시를 만들어 고려인의 원제과 응시를 독려했다.

충선왕의 복위 교서에는 정동행성의 복설, 원제에 따른 군민軍民 구별, 동성 결혼 금지, 전농사 설치 등이 천명되어 있다. 이는 원 제도의 도입을 통해 동아시아 보편 질서 속에서 고려의 위상을 확립하려는 기획에서 나온 것이다. 도평의사사 관원을 원 황제의 명으로 제수하자는 의견은 김의의 반대로, 군과 민을 구별하자는 의견은 최유엄의 반대로 무산되었지만 동성 결혼 금지 조치는 실행되었다. 충선왕은 복위 교서를 통해 유교적인 예제와 윤리를 강조하고 동성불혼의 원칙을 제시하는 한편 왕실과 혼인할 수 있는 가문 15개를 정했다. 이는 쿠빌라이가 "동성이 혼인할 수 없음은 천하의 보편적 이치인데 너희 나라는 문자를 알고 공자의 도를 행하니 응당 동성 간에는 혼인하지 말아야 한다."라고 언급한 것에 따른 것이다. 이때의 동성혼 금지 조치는 가족 윤리를 중심으로 사회 안정을 도모하는 유교 문화가 확산된 결과로, 유교 사회로 나아가는 디딤돌이 되었다.

고려는 역사와 전통을 유지하면서 중국의 유교 문화를 수용했고, 유목민으로서 유교화를 추진한 원의 법제를 수용했다. 세조구제에 천명된 불개토풍의 원칙을 적극 활용하면서도 고려에 필요한 중국의 제도를 수용했던 것이다. 하지만 토풍, 즉 국속은 지켜내야 할 긍정적인 것만을 가리키지는 않았다. 원과의 관계에서 불개토풍의 원칙은 국가의 자주성을 확보하기 위한 대항 논리로 사용되었으나 대내적으로는 성리학적 이념과 상반되는 개혁의 대상을 지칭할 때도 사용되었기 때문이다.[19]

국가의 개조와
유교적 문명사회의 지향

고려는 원과의 사대 관계를 강화하는 가운데 황제국 원의 문물과 제도를 적극 수용했다. 세조구제에 불개토풍의 원칙이 존재했음에도 양국 간의 교류는 활기를 띠었다. 원에서 도입한 문물의 핵심은 성리학이었다. 원 제국이 취한 한화 정책의 실질적인 내용이 유교화였으므로 유교 문화, 즉 성리학의 수용은 원 중심의 세계 문화를 공유하는 주요한 창구였다. 고려는 원과의 관계 속에서 개혁을 추진하고 원의 유교 문화와 법제를 선별적으로 수용해 유교에 기반한 문명사회를 이룩하고자 했다. 이를 위한 고려의 노력은 다음의 네 가지 방향으로 구체화되었다.

첫째, 고려는 원의 정치적 간섭에도 불구하고 왕권의 안정을 도모했다. 무신집권기 최충헌은 6명의 왕을 폐위하고 4명의 왕을 옹립하는 등 변칙적인 왕위 승계를 자행했고, 원 간섭기에는 원에 의해 국왕의 폐위와 옹립이 결정되는 등 왕권의 불안정성이 여실하게 드러났다. 불안한 왕권에서 비롯된 정국 혼란을 경험했던 고려는 왕위 계승에 관한 유학적 원칙을 확립하고자 했다.

이제현이 종묘에 국왕의 신주를 모시는 차례인 소목昭穆의 정비를 주장한 것도 바로 이러한 문제의식 때문이었다. 원래 종묘는 국왕의 위패를 모신 사당으로 왕권의 정통성을 확보하고 왕위 계승의 정당성을 확인해주는 현실적인 기능을 한다. 황제의 경우 태조묘와 3소 3목을 합쳐 7묘가 되고, 제후는 태조묘와 2소 2목을 합쳐 5묘가 된다. 고려의 종묘는 한 건물에 칸막이를 두어 방을 나누는 동당이실同堂異室의 형태로 5묘 9실을 운영했다. 5묘를 두어 제후의 명분을 유지하였지만 임시변통으로 실을 9개까지 확대하여 황제국과 같은 위상의 높은 왕권을 견지했다. 한편 소목의 배열은 형제 계승이 많은 고려 왕위 계승의 특성을 반영하여 왕위에 오른 순서 대신 혈연적 계보에 따라 형제를 같은 급으로 처리하였는데, 이는 왕위 계승의 순서로 소목을 배열한 조선시대의 그것과 대비된다.[20] 이제현은 동당이실제와 형제 동급의 의리에 입각하여 소목제를 정비함으로써 고려 왕실의 계승 관계를 존중하고 왕권의 정통성과 왕위 계승의 정당성을 확보하고자 하였다. 이는 당시 동아시아 사회의 공통 기반으로 작동하던 유학적 종법에 기초하여, 변칙적인 왕위 계승을 행하는 원 황실이나 고려 부원배의 반발을 견제하려는 것이었다.

또 이 시기에는 군주의 수신修身을 강조하여 왕권의 안정화를 도모하려는 시도가 나타났다. 원에서 고려 왕을 교체할 때 내세웠던 주요 명분은 정정의 불안과 국왕의 자질이었다. 충선왕은 독단적으로 정무를 처결해 많은 사람이 의심한다는 이유로, 충혜왕은 백성을 수탈했다는 이유로 왕위에서 쫓겨났다. 충혜왕이 원으로 압송되자 고려 조정에서는 충혜왕의 구명 방안이 논의됐다. 이때 권한공은 "왕이 무도해 황제에게 죄를 얻은 것인데 어찌 구원할 수 있는가."라고 한 반면, 김영돈은 "왕이 욕을 당했을 때 그 신하가 죽음으로 그를 구원하는 것이 마땅하다."라고 주장했다. 이제현은 원 황제에게 충혜왕을 구명하는 글을 올렸다. 결국 충혜왕 대신 충목왕이 즉위하자 이제현은 충목왕에게 유교 경전을 학습하여 격물·치지·성의·정심의 도를 익히고 윤리 도덕을 밝힐 것을 청했

다. 군주는 성학을 익혀 마음을 갈고닦아 행동거지를 바르게 하고 이로
써 성인이 되어야 한다는 것이 그 요지이다. 이는 원론적으로 군주의 선
한 마음이 국가를 다스리는 요체가 된다는 유교의 기본 원리를 천명한
것이지만, 군주의 자질 미비가 원 제국의 정치적 간섭을 불러오는 빌미
가 되고 그것이 정정의 불안을 야기해 또 다른 간섭을 불러오는 악순환
을 막아야 한다는 현실적 판단에 기초한 것이기도 했다.

　　고려의 권력 변동, 즉 국왕 교체의 열쇠를 쥔 권력의 원천은 원이었
다. 현왕이나 공주를 매개로 한 원의 간섭에 불만을 품은 자들이 원 황실
에 국왕을 고소하는 일이 반복되었다. 이처럼 고려의 왕권은 불안정하
고 미약했지만, 원 제국의 부마 또는 제후국의 왕으로서 고려 왕의 위상
또한 엄연히 존재했다. 고려는 유교를 정치 이념으로 하는 왕조 국가로
서 유교의 종법론과 군주 수신론을 통해 왕권의 정통성과 왕위 계승의
정당성을 확보하고 이를 통해 왕권의 안정을 도모하고자 했던 것이다.

　　둘째, 고려는 정치의 안정을 위해 관료제를 개편하고 합리적인 정치
운영을 모색했다. 이제현은 유교 경전에 능통한 자를 관료로 등용해 유
교 사상에 근거한 합리적인 정치 운영을 하도록 촉구했다. 다시 말해 관
료들에게 성리학을 익혀 사물의 이치를 파악하고 변화하는 현실 사회에
대응할 수 있는 경세 의식을 갖도록 요구한 것이다.

　　유학자 관료에게 군주를 바른 곳으로 이끌 책무가 있다고 본 것은 앞
서 언급한 군주 성학론과도 연결된다. 이곡은 "마음은 일신의 주재이고
만화의 근본이므로 군주의 마음은 정치를 하는 근원이고 천하를 다스리
는 기틀이 되며, 오직 대인이라야 능히 임금의 마음속 잘못을 바로잡을

수 있고, 한 번 임금을 바로잡으면 국가가 안정된다."라고 했다. 여기서 유학자 관료가 정치의 근원인 군주를 이끌 도덕적·정치적 주체로서 등장한다.

유학자 관료의 정치 운영과 시비 선악의 판단 기준은 유교적 가치관에 의해 정해진다. 이곡은 신하를 여섯 종류로 나누어 중신重臣·충신忠臣·직신直臣 등을 바람직한 신하로, 권신權臣·간신姦臣·사신邪臣 등을 그렇지 못한 신하로 규정했다. 권신은 권세를 이용해 사적인 세력을 형성하고 군주의 환심을 산 뒤 거꾸로 군주를 압제하는 신하로, 충신은 오직 나라만 생각해 사적인 것을 잊어버리는 신하로 묘사되어 있다. 성리학은 천리에 입각한 공의公義와 인욕에 근거한 사리私利를 대립 개념으로 파악하고, 도덕 규범이나 신하의 존재 형태에 적용한다. 이곡은 그러한 천리인욕설天理人欲說을 바탕으로 공의를 추구하는 신하를 지향하고 사리를 추구하는 신하를 비판했으며, 특권 귀족층의 사적인 권력 행사나 정치 운영을 배제하고 공적이고 합리적인 정치 운영을 모색했던 것이다.[21] 성리학적 가치관의 확립은 관료의 윤리인 충의 강조로 이어진다. 안향은 국자감 학생에게 "성인의 도는 일상생활에서 지켜야 할 일에 지나지 않으니, 자식이 되어서는 효를 해야 하고 신하가 되어서는 충을 해야 하며 예로서 가정을 통솔하고 믿음으로 친구를 사귀어야 한다."고 했다.

관료의 윤리인 충을 강조한 것은 오륜을 인간관계에서 반드시 지켜야 할 도리로 여길 뿐 아니라 군신 및 부자 관계에서 주어진 직분과 분수에 충실한 것을 자연의 이치로 파악하는 성리학 기본 원리의 영향 때문이다. 다시 말해 현실 긍정의 도덕 규범과 직분 및 분수를 강조하는 성리학의 원리가 현존하는 지배 관계 또는 군주와 신하의 상하 관계를 옹호하는 논리로 작동했다는 것이다. 군신 관계를 기축으로 하는 윤리 의식은 국가와 왕에 대한 충성과 역사 공동체 의식을 강화하는 촉매제가 되었다.[22]

셋째, 고려시대 개혁 정치가 갖는 의미는 원 간섭기의 성격을 뚜렷이 보여준다.[23] 이 시기에는 국왕 측근의 부정과 비리, 권세가의 토지 탈점과 부세의 과중, 백성의 유망 등이 잦았다. 이에 새로 즉위한 왕은 즉위 교서를 반포하여 정치와 사회를 개혁하고자 했다. 그러나 이때의 개혁은 원의 간섭에 대한 저항이 아니라 측근 정치의 구조 속에서 발생한 지엽적인 문제들을 해결하기 위한 것이었다. 민의 유망으로 표현된 사회·경제적 모순을 시정하기 위한 대책 또한 토지제도나 수취 제도 개혁 등의 근본적인 해결이 아니라 현상적이고 제한적인 미봉책에 그쳤다.

원 간섭 하에 이루어진 개혁은 원과 결탁한 부원배가, 개혁의 대상이 되는 사회·경제적 모순과 혼란의 원인이라는 점에서 이미 한계를 품고 있었다. 충목왕 3년(1347) 정치·사회의 부정과 비리를 개혁하기 위해 설치된 정치도감은 권세가의 토지 탈점과 겸병, 지방관의 탐학, 정동행성의 작폐 등을 조사하고 이러한 문제를 야기한 권세가와 부원배를 구속하였다. 그 과정에서 토지 탈점을 일삼던 기황후의 친족 기삼만이 감옥에서 죽는 사건이 벌어졌다. 이후 정동행성이문소에서 정치도감 관원을 처벌하였고, 정치도감은 1349년 원에 의해 폐지되고 말았다. 이를 통해 원을 배제하지 않고서는 진정한 개혁을 이루기 어렵다는 사실이 분명해졌다.

한편 이 시기 개혁 정치에는 무신집권기와 대몽 항쟁기를 지나면서 누적된 사회 모순과 낡은 관행을 버리고 국가를 개조하자는 생각이 포함되어 있었다. 충선왕은 성리학과 원의 법제를 수용하여 고려의 중흥을 위한 국가 개조를 시도했다. 이에 이제현은 무신집권기에 만들어진 인사 행정 기구인 정방은 본래 있던 제도가 아니므로 폐지하고 이부와 병부의 두 관서에 인사권을 맡기자고 제안함으로써 왕정을 중심으로 옛 관제를 복구하고자 했다. 이제현은 또 학교를 증설하고 선왕의 도를 가르쳐 관학實學을 진작시키고자 했는데, 이는 학교 교육을 강화하고 정치 운영을 합리화해 유교화된 국가체제를 확립하려는 의도에서 나왔다.

넷째, 원 간섭기 합리적 정치 운영의 모색은 유교적 문명사회를 지향하는 것으로 귀결된다.[24] 이러한 문제의식은 소중화 의식의 확인과 기자 숭배를 통한 유교 문명화로 표출되었다. 고려 말의 문신 김구와 이승휴는 '고려시대에는 과거제도가 시행되어 예속禮俗뿐 아니라 유학의 가치관인 유도儒道가 구현되었기 때문에 중국이 고려를 소중화라고 칭한다.'라고 자부했다. 특히 이승휴는 고려를 중국과 구분되는 요하 동쪽 별도의 천지로 규정함으로써 독자적인 천하 의식을 보였다. 그는 기자에 의해 교화와 예의가 시작되었고, 고조선을 이은 기자조선이 중국과 동질한 문명을 달성했다고 보았다. 단군과 기자조선을 통해 전승된 중화 문명의 맥을 자임함으로써 문명 자존 의식을 드높였던 것이다.[25]

충숙왕은 이 같은 시대 분위기를 반영하여 기자에 대한 제사를 재개함으로써 유교 문화의 전래자이자 문명의 창시자로서의 기자를 재확인하였고, 고려의 강역을 기자의 봉토로, 국왕의 역할을 기자 전통의 수호자로 인식하는 분위기를 형성했다. 이때 고려는 국속 유지를 바탕으로 원의 문화를 수용하였듯이 기자의 국적 문제를 군이 언급하지 않는다거나 기자가 중국의 신하가 아니라고 보는 등 고려화된 기자 이해를 보여주었다. 말하자면 고려는 기자를 통하여 유교 문화의 확산을 시도했던 것이다.[26]

원은 유교를 국교화하고 성리학 진흥 정책을 시행하여 유교 문명 의식을 확산시키고자 했다. 수레바퀴의 폭이 동일하듯 같은 문자(한자)를 쓰고 문물제도가 일정하며 윤리 도덕의 기준이 통일된 세계를 세우고자 한 것이다. 고려 또한 유교 문화를 적극 수용했다. 이제현은 이때의 상황을 "세조가 이미 사해를 통일하고 단아한 선비를 등용하였으므로 헌장과 문물이 모두 중화의 옛 모습을 회복하였다."라고 하였고, 이색은 "원나라가 일어난 지 100년이 지나면서 문치가 퍼져 사방의 학사들은 자신의 재능을 발휘하려고 한 시대의 성황을 이루고 있다."라고 이야기했다. 이들은 성리학의 수용을 통해 유학에서 제시하는 문치 이념을 현실에 실현하고자 했다. 유학을 정치 이념으로 수용하는 것은 요순시대처럼 교화와 도덕적 감화를 통해 세상을 안정시키기를 바란다는 것과 같은 말이기 때문이다. 유교 정치는 주 문왕의 통치를 이상으로 두고, 부국강병을 지향하는 공리적 국가나 형정 위주의 국가 운영에 반대하며, 학술 진흥과 문물 정비를 통해 국가를 운영하는 방법이다. 고려는 유교 문명의 상징인 기자를 역사에 편입시킴으로써 문명 의식을 불러일으키고 원의 유교 진흥책에 부응한 유교 문명화를 추구했던 것이다.

성리학 수용과 유교 문화의 확산은 고려 사회의 지식 기반을 일신시켰고,

새로운 단계의 문치 사회로 진화할 수 있게 하였다. 유교의 확산은 유교가 본래 추구하였던 정치가 윤리화된 사회, 곧 인간의 도덕적 능력을 신뢰하고 이를 사회적으로 함양하는 과정을 제도화하여, 공동체의 법제를 인정人情과 덕성德性 등 윤리적 가치에 기초하여 운영할 수 있게 하는 사회를 건설하는 토양이 되었다. 수기치인을 양 날개로 하는 성리학은, 인륜을 견지하는 내적 수련을 통해 통치자들이 '군자'로 표현되는 공공적 인격을 지향하게 하고, 그로 인해 식자층이 높은 수준의 윤리적 덕성에 기초한 격조 있는 공동체적 삶을 향유하는 것을 가능하게 했다. 한편 인륜을 매개로 소통하는 정치 행위는 사대부들이 계급적 차이와 상관없이 상대를 사회적 인격체로 존중하게 하고, 법적 강제에 의한 집행이 아닌 인륜의 실현에 중점을 두는 인문 사회를 추구할 수 있게 해주었다. 곧 원 간섭기 성리학의 수용과 유교 문화의 확산은 문치의 진전이라는 동아시아 공통의 역사적 흐름에 동참하여 세계 최고 수준의 유교적 문명사회를 실현하는 제도적·정신적 기반이 되었다는 데 의의가 있다.

이제현, 최해, 이곡 등 이 무렵 활동한 유학자들은 대몽 항전 이후 새롭게 성립된 대원 관계 속에서 원의 정치적 간섭을 받아들이면서도 국가의 독립을 유지하고 군신 질서를 안정시키고자 하였다. 그들은 고려의 국속 유지를 전제하면서 원의 보편 문화를 수용하여 유교적 문명사회로의 전환을 도모하였다. 또 고려왕조가 체제를 유지하고 유교 문명사회를 실현할 수 있음을 확신하고, 그러한 확신을 당대 사회에 대한 긍정으로 표출했다. 반면 현대의 한국사 연구자들은 식민사관의 극복을 목표로 외세의 침략에 대응하는 자주와 개혁의 역사라는 시선에서 원에 의해 훼손된 고려의 자주성과 개혁의 미진함을 지적했던 것이다.

이제현 초상

원은 유교를 국교화 하고 성리학 진흥 정책을 시행하여
명실공히 유교 문명의 중심국가로 우뚝 섰다.
고려의 유학자들은 원의 유교 진흥책에 부응하여
유교적 문명사회를 지향하는 세계사적 흐름에 동참하고자 했다.

원 간섭기 동아시아 국제 질서를 염두에 두면 고려가 원의 강력한 간섭에도 불구하고 고려라는 국가체와 고유한 문화, 역사 공동체를 지켜 냈으며, 성리학을 핵심으로 하는 동아시아 유교 문명사의 흐름에 동참해 유교적 문명사회를 구현하고자 했음을 알 수 있다. 그러한 역사의 흔적들은 국제화 시대 한국이 나아가야 할 방향과 앞으로 취해야 할 태도가 무엇인가를 보여준다.

7

조선 정치의 저력,
당쟁과 대동법

이정철

한국국학진흥원 책임연구위원. 고려대학교 사학과에서 박사학위를 받았다. 주요 저서로 『언제나 민생을 염려하노니』 『대동법, 조선 최고의 개혁』 『왜 선한 지식인이 나쁜 정치를 할까』 등이 있고, 주요 논문으로 「반계 유형원의 전제개혁론과 그 함의」 「조선시대 공물분정 방식의 변화와 대동의 어의」 등이 있다.

조선왕조에 대한 가장 큰 오해 중 하나는 조선왕조가 처음부터 끝까지 비슷했다고 보는 것이다. 조선시대에 한 왕의 재위 기간은 오늘날로 보면 하나의 정부와 비슷하다. 때문에 이러한 관점은 마치 해방 후부터 지금까지 한국의 여러 정부들의 성격이 같았다고 보는 것과 다름없다.

조선왕조 500여 년은 몇 시기로 구분할 수 있다. 이 글의 핵심 주제인 당쟁과 대동법의 성립은 대략 16, 17세기에 있었던 일이다. 16세기는 건국 후 약 100년이 지난 시점이고, 17세기는 임진왜란, 정묘호란, 병자호란, 인조반정 등이 일어났던 시기이다. 17세기에는 조선을 둘러싼 주변의 모든 나라에서 왕조 혹은 통치 형태의 변화가 있었다. 그만큼 동아시아 전체가 격변했던 시기였다. 조선왕조를 몇 시기로 구분하든 당쟁과 대동법은 그 앞은 물론 그 뒤와도 다른 특징을 보여준다. 또 그 특징은 다름에 그치지 않고, 앞뒤 시기를 연결한다.

당쟁과 대동법은 일반인에게도 익숙한 주제이다. 익숙하다는 말은 두 주제에 대한 사회적 통념이 존재한다는 뜻이다. 그런데 그 통념은 상식과도 거리가 있고, 역사적인 근거도 그리 분명치 않다. 한때 조선왕조가 500년 넘게 지속된 것에 대해서 부정적 시각이 있었던 것이 사실이다. 하지만 오히려 그것은 조선이 그만큼 국가 운영에 성공적이었음을 뜻한다. 국가는 끊임없이 이어지는 내우외환의 도전을 일정한 수준에서 관리할 수 있을 때까지만 유지된다. 당쟁과 대동법에 대한 기존 이해는 조선이 어떻게 국가를 운영했는지에 대한 답을 주지 못했다.

뜻밖에도 오늘날 우리는 조선이 어떻게 운영되었는지 잘 알지 못하고 있다. 물론 조선이 매 시기 국정 운영에 성공했던 것은 아니다. 하지만 조선은 그 성공과 실패를 관통해서 국정 운영의 원칙을 구현하기 위해서 노력했다. 아래에서는 당쟁과 대동법을 통해서 조선이 어떻게 국정을 운영하려 했고, 실제로 운영했는지를 간단히 살펴보았다. 그것은 이제까지의 조선에 대한 이해에 새로운 관점을 제공해 줄 것이다.

당쟁에 대한
기이한 관점들

당쟁은 식민사학이 천착한 대표 주제 중 하나였다. 일본인 학자들은 당쟁이 조선인의 분열적 민족성을 잘 보여준다고 생각했다. 그것은 일본의 조선 지배를 정당화하는 논리가 되었다. 조선에 잘못이 있으니 일본이 조선을 지배하게 된 것은 자업자득이라는 말이다. 즉 당쟁은 조선이 스스로를 유지할 능력이 없었음을 보여주는 증거로 제시되었다.

이는 학술적 진위 여부를 논하기 이전에 비상식적인 주장이다. 당쟁은 권력을 향한 투쟁이다. 그것은 권력이 존재하는 곳에서는 언제 어디에나 존재한다. 전근대사회에서 권력 투쟁의 방식은 두 가지였다. 말과 글로 싸우는 이념적 형태와 칼을 사용하는 무력적 형태가 그것이다. 전자가 지배적인 나라는 조선을 포함해서 몇 나라 안 된다. 일본은 대부분의 나라가 그랬듯이 후자이다. 일본의 주장이 옳으려면 탁상공론에 불과한 이념적 투쟁의 반대편에, 건설적인 정책 논의로 가득 찬 정치 운영이 있어야 한다. 하지만 그런 나라는 존재한 적도 없고, 앞으로도 없을 것이다. 일본의 논리는 현실에 존재하는 것과 존재하지 않는 이상적인 것을 대비시켜 존재하는 것의 한계와 결점을 비판하는 것이다.

우리가 좀더 주목하고자 하는 것은 1970년대 이래 한국인 학자들에 의해 만들어진 대응 논리이다. 그들은 당쟁의 부정적 측면을 상쇄하기 위해서 '붕당정치'라는 개념을 내놓았다. 조선시대 당쟁에 오늘날의 민주주의적 요소가 있다는 말이다. 일본 학자들의 주장이 비상식적인 것만큼이나 붕당정치론 역시 비상식적이다. 조선은 명백한 신분제 사회였다. 노비가 전체 인구의 30퍼센트 이상을 차지했으리라는 것이 학계의 상식이다. 양반은 전체 인구 가운데 극소수에 지나지 않았다. 비록 붕당정치에 민주주의적 성격이 있다고 하더라도, 그것은 조선의 압도적인 신분 사회적 특성으로 인해 빛을 보기 어려웠을 것이다.

또 조선이 신분제 사회였다는 사실이 조선을 비난할 이유는 못된다.

전근대사회 대부분이 그랬다. 적어도 조선 정도의 국가를 유지한 나라들 중에서 그렇지 않은 나라를 찾기는 어렵다. 따라서 당쟁에서 민주주의적 성격을 찾을 것이 아니라 당쟁의 이유와 조선적 특성을 살펴보는 것이 더 적절한 태도이다.

당쟁 이전의 사화와
사화기의 산물들

당쟁을 이해하려면 사화를 먼저 이해해야 한다. 당쟁은 그 정신적 에너지와 사회·제도적 기반을 사화기 때 얻었기 때문이다. 흔히 언급되는 것으로 4대 사화가 있다. 그런데 이 네 건의 큰 사화 내용보다 더 중요한 것은, 그것들이 왜 일어났는지를 아는 것이다. 그러기 위해서는 한 시대를 이해해야 한다. 사화는 하나의 사건이 아니라 긴 시대였기 때문이다. 이 시대는 15세기 말부터 16세기 중반 문정왕후가 죽은 1565년까지이다.

조선은 건국 이후 대단한 발전을 이룩했다. 생산력과 문화 면에서 전근대사회에서 찾아보기 어려운 성취를 이뤘다. 우리가 세종대왕의 업적으로 알고 있는 것들이 바로 15세기 조선의 성취이다. 이 시기에 많은 경작지에서 연작상경이 가능해졌고, 경작면적 자체도 크게 늘었다. 연작상경이란 매해 땅을 놀리지 않고 농사짓는 것을 뜻한다. 고려시대까지만 해도 지력이 부족해서 연작상경 할 수 있는 땅이 많지 않았다. 조선시대에 들어와서 토질을 관리하는 기술이 그만큼 증대된 것이다.

과거제도도 정착되었다. 국가를 운영하기 위해서는 양질의 관료가 필요한데 과거제도가 이를 뒷받침했다. 이를 위해서 다시 교육제도의 뒷받침이 필요했다. 이미 태종 대에 전국 대부분 행정 단위에 관학官學인 향교가 설립되었다. 향교에서 교육시킨 우수한 인력을 과거를 통해 선발하고 관료제에 투입하여 합리적인 국가 운영에 이용했던 것이다. 이는 전근대에서 찾아보기 어려운, 높은 수준의 국가 운영 방식이다. 사실 유럽에서 관료제는 근대의 산물이다. 18세기 프랑스의 사상가 볼테르는 청나라의 과거제도를 격찬하고 과거제도의 시급한 도입을 주장하였다.

조선 정부가 힘썼던 것이 또 하나 있다. 이 모든 제도를 묶어줄 이념의 제시였다. 성리학이 그것이다. 조선시대 성리학은 본래 위에서, 즉 조정에서 내려왔다. 향교에서 가르쳤던 내용은 유학 경전들이고, 관료들에게 요구했던 충忠과 청렴 역시 유학 이념에 기반을 두었다. 이 시대의 성리학은 조선이라는 몸에 들어온 정신이었다. 오늘날 한국에서 이에 가장 가까운 것을 찾는다면, 모든 사회 제도가 목표로 하는 민주주의를 들 수 있다. 물론 성리학이 민주주의와 내용적으로 비슷하다는 말은 아니다. 국가 안에서의 위상과 기능이 그렇다는 말이다.

15세기 조선은 그 놀라운 성취와 무관하게, 피할 수 없는 문제가 있었다. 그것은 조선을 비롯한 모든 전근대 권력이 가졌던 문제였다. 바로 조선이 왕조 국가라는 사실이다. 조선의 권력은 이질적인 두 요소로 구성되었다. 세습되는 권력인 왕권과 선출된 권력인 관료권, 즉 신권이 그것이다. 하나가 다른 하나를 완전히 배제할 수 없었다. 그리고 둘 사이에는 본래적인 긴장이 있었다. 이것은 마치 민주주의와 자본주의의 본래

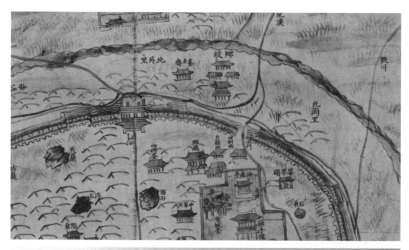

향교가 표시된 김해부내 지도(위)와 김해향교 풍화루(아래)

조선에서는 태종 대에 이미
전국 대부분의 행정 단위에 관학인 향교가 설립되었고
향교에서 교육시킨 인재를 과거를 통해 선발했다.
이는 전근대에서 찾아보기 어려운 높은 수준의 국가 운영이었다.

적 긴장과도 비슷하다. 오늘날 우리가 겪고 있는 위기의 핵심도 둘 사이의 긴장에서 주로 비롯된다.

조선에서 왕권과 신권이 충돌했던 사건이 바로 계유정난, 즉 수양대군이 권력을 쟁취한 사건이다. 이것은 점점 강화되는 신권에 대해서 왕권 측에서 일으킨 정치 쿠데타였다. 이 과정에서 지배 권력이 이전까지 지식인들에게 강조하고 약속했던 가장 중요한 것들이 파기되었다. 계유정난은 조선왕조 공공성의 중심 개념인 충을 정면으로 부정한 사건이다. 백번 양보해도 계유정난에 이은 세조의 즉위는 어떤 논리로도 정당화될 수 없었다.

계유정난의 충격은 깊고 넓었다. 그리고 그것은 15세기 조선의 성취와 연관되었다. 15세기에 이룩된 높은 경제 성장은 지방에 많은 지식인들을 만들었다. 이들은 유교적 교양으로 수련된 예비 관료들이었다. 계유정난은 이들에게 깊은 충격을 주었다. 하지만 이 충격이 세조 재위기에 금방 표면화되지는 않았다. 세조 정권의 억압적 성격 때문이었다. 그것이 표면화된 것은 성종 때부터였다.

성종은 13세에 즉위했다. 처음에는 할머니 정희왕후가 수렴청정을 했다. 그가 성년을 맞았을 때 주변은 할아버지 세조의 신하들로 가득했다. 자신의 정치를 하기 위해서는 자기 사람이 필요했다. 자기 사람이 되어줄 사람들이 바로 지방에서 성장한 젊은 '사림'이었다. 성종은 이들을 조정으로 불러들였고, 그들은 주로 언관직으로 진출했다. 사림 최초의 조정 진출이다.

조선은 처음부터 성리학 이념을 중시하며 건국되었다. 그에 따라 정

신숙주 초상

계유정난은 점점 강화되는 신권에 대해
왕권 측에서 일으킨 정치 쿠데타였다.
이 과정에서 지배 권력이 지식인들에게 약속해온
가장 중요한 가치들이 파기됐다.

치에서 공공성이 강조되었다. 그 공공성을 실현하는 여러 가지 방법 중 가장 대표적인 것이 언관 기능의 강화였다. 언관이란 사헌부와 사간원의 관원을 뜻하며, 나중에 홍문관 관원이 더해졌다. 사헌부 관원을 대관, 사간원 관원을 간관이라 했고 둘을 합해서 대간이라 했다. 조정에서 대간의 발언권은 컸다. 성리학 원칙에 따라 발언하는 것이 그들의 존재 이유였다. 사림 출신의 젊은 언관들은 훈구 대신들을 몰아붙였다. 이를 통해서 성종은 조금씩 정치적 공간을 확보했다.

연산군은 아버지 성종만큼 정치적으로 유능하지 못했다. 그는 아버지처럼 훈구와 언관의 세력 균형을 통해서 공적 원칙을 지키며 국정을 운영하는 데 실패했다. 그 결과 나타난 것이 사화이다. 연산군의 뒤를 이은 중종 대에도 사화는 그치지 않았다. 훈구 대신들에게는 현실의 권력이 있었고, 사림에게는 국가 이념인 성리학적 명분이 있었다. 그리고 어느 쪽도 다른 쪽을 근본적으로 제거할 수는 없었다. 사화가 쉽게 끝나지 않았던 이유이다.

최초의 사화는 연산군 4년(1498)에 있었던 무오사화이다. 사화는 대략 명종 초년까지 일어났으나 명종 4년(1549) 충주옥사 이후에도 잠재적 위험은 계속되었다. 미수에 그쳤지만 명종 18년에도 대규모 사화가 기도되었다. 짧게 보아도 사화기는 대략 1498년부터 1549년까지 약 50년 이상 지속되었다. 두 세대에 이르는 긴 기간이다. 일제 식민지 36년과 박정희 정권 18년의 영향을 생각하면 사화기의 영향을 짐작할 수 있다.

처음 조선의 성리학은 국가 권력의 필요에 따라 위에서 아래로 확산되었다. 그에 따라 성리학 교양으로 무장한 지식인층이 차츰 형성되기 시작했다. 시간이 지나면서 국가 이념으로서의 성리학을 대표하던 기존의 관료층은 귀족화되었다. 그에 반해 사림은 성리학 이념을 도학道學으로 발전시켰다. 도학 역시 성리학인 것은 틀림없지만, 이것은 기존의 성리학과 내용이 달랐다. 그것은 개인화된 성리학, 내면에서 인격화된 성리학이다. 두 성리학의 관계는 오늘날 민주주의와 인권의 관계와 비슷하다. 인권이 민주주의의 토대가 되어야 하는 것처럼 기존의 성리학과 새로운 도학은 원리적으로는 상보적이다. 하지만 현실에서 둘은 갈등했다. 기존의 훈구파가 사회제도로서의 유학을 대표했다면 사림은 개인의 신념 체계로서의 도학을 대표했다.

사화라는 말에서 알 수 있듯 이 시기에는 선비들이 화를 당했다. 하지만 사화를 겪으며 조선의 선비들은 두 가지를 성취했다. 하나는 조선 성리학의 정수에 해당하는 이기론理氣論의 틀을 만든 것이다. 이기론의 주창자인 서경덕, 이언적, 이황이 이 시기에 등장한 것은 우연이 아니다. 그들은 시대의 요구에 학문적으로 응답했다. 자신들의 정당성을 정교한 이론 체계로 정립한 것이다. 이기론을 구성하는 개념 도구들은 중국에서 들어왔지만 그들의 이기론은 중국의 그것과는 다른 내용과 사회적 기능을 가졌다. 그들의 이기론은 그들이 훈구파에 맞서 싸우는 무기이자 저들의 공격에서 스스로를 지키는 참호 역할을 했다.

이보다 더 중요한 것이 있다. 사림은 이 시기에 조선 고유의 이상적 인간상을 만들어냈다. 사림이 성취한 또 한 가지였다. 선비가 그것이다. 사화기 동안 조선에는 새로운 사회적 존재가 등장했다. 처사處士라고 불리던 이들이다. 처사는 유교적 교양과 실력을 갖추었지만 부도덕한 조정에 참가하기를 자발적으로 거부한 사람들이다. 처사야말로 새롭게 등장한 선비의 원형이었다. 선비에게 가장 중요한 것은 올바른 출처出處의 원칙을 지키는 것이었다. 부도덕한 권력에 참여하는 것은 바른 선비의 모습이 아니었다. 그들은 불의에 물러나지 않고, 악을 미워하고, 무원칙한 다수에 휩쓸리지 않는 독립적인 지식인이었다. 한마디로 선비는 불의한 시대에 도학적 신념을 지키는 저항적 지식인들이다.

당쟁의 보편성과
조선적 특수성

사림은 50여 년의 고난을 거쳐 선조 즉위 이후 조정의 주도권을 잡았다. 조정의 주도 세력이 교체된 즉시 두 가지 일이 추진되었다. 먼저 사화기에 죽거나 귀양 갔던 사람들을 복권시키고 조정으로 불러들였다. 다음으로 구 정권을 상징하는 인물들을 조정에서 추방했다. 여기까지는 조정 내에서 논의가 거의 필요하지 않았다. 문제는 그 다음부터였다. 그들이 당면한 문제는 그들이 이해하고 있던 것보다 훨씬 뿌리가 깊었다. 이것을 이해하려면 조선의 권력 구조에 대한 약간의 이해가 필요하다.

조선 조정에서 가장 중요한 요소 두 가지는 대신과 언관이었다. 대신은 정승과 판서를 말하는데, 국가적 현안에 대해 책임을 지고 그것들을 해결하는 것이 이들의 임무였다. 반면 언관은 대신을 포함한 관리들의 부정을 막고, 일의 원칙을 확인하는 사람들이다. 언관과 대신은 대개 한

세대 정도의 나이 차가 있었다. 대신에게 중요한 것은 효율성과 문제 해결 능력이고, 언관에게 중요한 것은 원칙과 명분이었다. 국가가 장기간 정상적으로 운영되려면 두 가지 모두 필수적이다. 대신이 기능하지 못하면 조정은 문제 해결 능력을 잃고, 언관이 기능하지 못하면 조정은 부패할 수밖에 없다.

권력 구조 면에서 보면 사화기에는 언관 기능이 극도로 축소되고 대신의 권한이 크게 확대되었다. 이때의 대신은 주로 왕실 외척이었다. 그들은 자신들의 권한을 사사로이 사용했으며 국가 현안을 해결하지 못했다. 따라서 이 시기는 비도덕적이었을 뿐만 아니라 비효율적이기도 했다. 선조 즉위 후 조정에서 추방되었던 사람들이 바로 왕실 외척이라는 배경을 이용해서 권력을 행사했던 대신급 인물들이다.

선조 조정의 문제는 조정을 채운 인물들의 정치적 스펙트럼이 너무 넓었다는 점이다. 사실 선조 조정에서 추방되지 않고 고위직을 유지했던 인물들 중 다수가 구시대 조정에서 경력의 대부분을 쌓은 사람들이었다. 선조 즉위 후 관료가 되어 언관직에 있던 신진 사림이 그 대척점에 있었다. 그들은 구시대에 대한 어떤 정치적·도덕적 부채도 없었다. 이두 세력 사이에 몇 층위의 상이한 정치적 입장들이 있었다. 선조 조정은 구시대 청산이라는 시대적 과제에 동의했지만, 그것이 구체화되면서 충돌을 피할 수 없었다. 구시대를 어떤 수준까지 청산해야 할 것인가에 대한 의견이 달랐기 때문이다. 당쟁의 가장 큰 이유가 바로 그것이었고, 이는 과거가 물려준 정치적 부채였다.

선조 대는 조선시대 당쟁의 특징을 잘 보여준다. 이 시기 당쟁은 명분과 정당성을 중심으로 진행되었다. 단순히 사적 이익이 집단화되어 진행된 갈등이 아니다. 이것이야말로 조선 당쟁의 특수성이다. 때문에 조선의 당쟁은 특정한 시기와 조건에서 정책적 논쟁을 통해 생산적 결과로 이어질 잠재력을 가지고 있었다. 대동법 논쟁이 대표적이다.

대동법의 효과와
대동법을 둘러싼 몇 가지 오해

대동법은 1651년 충청도에서 처음 실시되었고, 1708년 황해도에 실시됨으로써 전국화되었다. 이로써 백성들은 종래 내던 공물가의 20퍼센트 정도만 부담하게 되었고, 그것만으로도 국가 재정이 안정되었다. 17세기 후반 조선은 상충 관계에 있는 민생 안정과 재정 확충을 동시에 이룬 것이다. 이는 경제 성장과 복지 확대를 둘러싸고 갈피를 정하지 못하는 오늘날 한국 상황과 대비된다.

대동법은 조선왕조 자체의 운명에 의미심장한 결과를 가져왔다. 조선에서 지주소작제가 본격적으로 확산되기 시작한 것이 17세기 후반이다. 이때는 임진왜란과 병자호란으로 인한 인구 감소를 전쟁 전 수준으로 회복하여 인구에 비해 경작지가 부족해지기 시작한 시기다. 바로 이때 대동법이 전국화되었다. 지역마다 차이가 있었지만 지주소작제에서 지주와 소작인은 소출의 절반씩을 차지했다. 그런데 시간이 지나면서 지주가 납부했던 세금이 차츰 소작인 부담으로 옮겨갔다. 땅을 빌리려는 소작인끼리의 경쟁이 불러온 자연스러운 결과였다. 이로써 소작인의

대동법 시행 기념비 탁본

대동법 시행은 조선왕조 그 자체의 운명에
의미심장한 결과를 가져왔다.
조선은 대동법 시행으로 민생 안정과 국가 재정 확충을
모두 이룸으로써 왕조의 수명을 100년 이상 늘릴 수 있었다.

세금 부담은 국가가 정한 세율의 두 배가 됐다.

대동법의 시행으로 크게 낮아졌던 민의 담세 비율은 긴 시간에 걸쳐 조금씩 높아졌다. 19세기가 되었을 때 그 비율은 대동법 성립 직전과 비슷해졌던 것 같다. 그러한 부담이 결국 왕조의 패망으로 이어졌다. 조선 패망의 가장 큰 원인 중 하나가 바로 국가의 세금 운영 실패였다. 요컨대 대동법이 성립되지 않았다면 조선은 18세기에 이미 19세기 상황을 맞았을 가능성이 높다. 대동법은 왕조의 수명을 100년 이상 늘린 세금 개혁이었던 것이다.

대동법에 대한 오해에는 내용 자체에 대한 오해도 있고 관점의 오해도 있다. 내용과 관련한 오해로는 대동법이 광해군 즉위년인 1608년에 경기도에서 처음 실시되었다거나, 대동법의 내용이 현물로 내던 공물을 쌀로 바꾸어 내는 것이라는 것 등이 대표적이다. 대동법이 조선 정부가 추진한 미봉적인 개혁이라는 세련된 오해도 있고, 대동법 시행에 그토록 오랜 시간이 걸린 이유가 양반 지주들의 반대 때문이라는 주장도 있다. 이러한 오해들은 대동법의 본질이 무엇인지 정확히 이해하지 못하거나, 조선이 실제로 어떻게 운영되었는지 잘 알지 못하기 때문에 나온 것으로 보인다.

관점과 관련된 가장 대표적인 오해는 대동법의 역사적 의의를 공인의 등장에서 찾는 것이다. 공인은 관에서 대동미를 지급받아 그것으로 정부가 필요로 하는 물품을 제공하는 관수품 조달업자였다. 대동법에서 공인의 등장과 활동이 강조된 데에는 배경이 있다. 연구자들이 오랫동안 대동법에서 보려고 했던 것은 공인들이 상업자본을 축적했는가 하는 문제였다. 상업자본이야말로 자본주의 도래의 징표라고 생각했기 때문인데, 이는 유럽의 독특한 역사적 경험에서 나온 생각이다. 동시에 자본주의는 근대의 서막을 알리는 징표로 여겨졌다. 요컨대 공인에 의한 상업자본 축적은 조선 내부에서 근대가 등장하고 있다는 것을 뜻했다. 그리고 이 모든 것은 전근대 조선과 구분되고, 전근대 조선을 해체하는 징표로 여겨졌다. 결국 대동법 성립은 조선을 해체한 조선적이지 않은 것의 대표로 이해된 것이다.

공납 문제의
연원

국가 운영에 필요한 기본 시스템은 형벌 제도와 세금 제도이다. 중국처럼 조선도 형벌 제도는 대명률을, 세금 제도는 조용조 체제를 운영했다. 조용조에서 조租는 전조라고도 하며, 경작지에서 생산되는 곡물, 즉 쌀과 콩이 수취의 대상이다. 용庸은 노동력으로, 이는 다시 요역과 신역으로 나뉜다. 원칙적으로 요역은 호戶가 부과 단위이고, 신역은 성인 남성 개인이 부과 단위이다. 대표적인 신역이 군역이며, 농업 이외에 여러 특수 기능 종사자들의 직업이 그들의 신역이 된다. 조調는 곡물 이외에 국가가 필요로 하는 각종 현물로서 지역 특산물의 형식으로 부과되었다. 형벌 제도와 세금 제도 중에서는 물론 후자가 더 중요하다. 벌을 못 주어서 나라가 망하지는 않지만 조세 제도가 망가지면 나라가 망했던 것이 역사의 반복된 경험이다.

조용조 체제는 국가 운영을 위해서 필요한 자원을 곡물, 노동력, 지역 특산물로 나누어 수취하는 시스템이다. 전근대 국가 운영을 위해서는 불가피한 방식이다. 화폐경제 체제가 성립되기 전이기 때문이다. 화폐에 의한 사회의 경제적 통합은 현대사회의 발명품이다. 이 시스템은 사회가 필요로 하는 모든 용역과 재화를 계절과 관계없이 만들 수 있고, 어디에나 운반할 수 있으며, 언제까지라도 보관할 수 있어야 작동한다. 전근대사회에서 그것은 불가능한 일이었다.

처음 조선은 국가를 운영하기 위한 재원 마련 시스템을 조租 중심으로 짰다. 노동력을 대상으로 하는 용과, 임산물·해산물을 포함한 수백 가지 항목의 조調에 비해서 조租가 물리적 조건에서 표준화에 유리했기 때문이다. 표준화할 수 있어야 공정하게 운영할 수도 있다. 때문에 조용조 중에서 전조가 차지하는 비중이 월등히 높았다. 비록 용과 조調를 표준화할 수 없었지만, 그것들의 잠재적 문제는 최소화되었다. 이 시스템이 바로 세종 26년인 1444년에 성립된 공법이다.

모든 국가 체제는 그 효율을 감가상각하면서 시간을 견딘다. 아무리 훌륭한 체제도 예외가 아니다. 15세기 후반에서 16세기까지 공법 체제도 그랬다. 그 기간 동안 공법 체제는 천천히 변했다. 변화의 핵심은 전조에서 나오는 몫이 줄고, 줄어든 것보다 더 많은 몫이 공물로 거두어졌다는 사실이다. 이는 공납 제도가 애초에 공정하고 표준화된 수취 체계를 갖추지 못했기 때문에 벌어진 일이었다. 체계가 없다는 것은 거두는 측에서 자의적으로 수취할 여지가 크다는 뜻이다. 공납 제도 자체가 악화되었다기보다는 전체 조세 체제의 변화가 공납을 문제 많은 영역으로

국가 운영을 위한 기본 시스템은
형벌 제도와 세금 제도이다.
둘 중에서는 물론 후자가 더 중요하다.
벌을 못 주어서 나라가 망하지는 않지만
조세제도가 망가지면 나라가 망했던 것이
역사의 반복된 경험이었다.

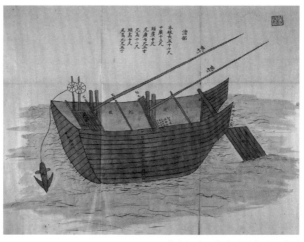

조선시대 세곡 운반에 사용된 조운선

만들어버린 것이다. 그 결과 16세기 초반에 이미 조광조가 공납 제도 개혁의 필요성을 주장했다.

대동법 성립 훨씬 전부터 공납과 관련된 사회적 관행이 변화하기 시작했다. 백성들이 공물을 현물이 아닌 쌀로 내기 시작한 것이다. 공물은 고을 수령이 고을에 책정된 현물을 서울에 납부하는 것이 원칙이었다. 그런데 그렇게 하려면 현실적·물리적인 어려움이 많았다. 고을에 부과된 현물을 해마다 마련하는 것도 쉽지 않고, 품질을 유지한 채 서울까지 운반하는 것도 어려웠다. 자연히 전문 상인의 도움을 받지 않을 수 없었다. 처음에는 상인들에게 값을 치르고 고을의 공물 납부를 대행하도록 했다. 그런데 이 과정이 오래 지속되자 상인과 관청이 유착하였다. 나중에는 관청이 특정 상인을 통해서만 공물을 수납하고, 백성들이 직접 납부하는 것은 받지 않았다. 그것이 바로 방납이다. 방납은 상인에게 특권으로 작용했고, 그 결과 상인은 고을에 더 많은 공물가를 요구했다. 그 부담이 백성에게 그대로 전가되었다. 조선시대에 널리 회자되던 말이 있다. '공물은 꼬치에 꿰어서 가고, 인정人情은 지게에 지고 간다.'라는 말이 그것이다. 인정은 요즘 식으로 말하면 리베이트 혹은 뇌물이다. 높아진 공물가의 대부분이 인정이었다. 이처럼 백성들은 대동법 성립 훨씬 전부터 공물을 쌀로 내고 있었다.

임진왜란 이전부터 일부 고을에서 대동이라는 이름의 '관행'이 퍼지기 시작했다. 단위면적당 토지에서 동일한 액수를 내는 것이 그것이다. 고을 안 모든 경작지가 부과 대상이 되었다. 대동大同이란 '모두 함께 소유 경작지당 동일한 액수를 납부한다.'는 뜻이다. 임진왜란을 겪으며 그

관행이 급속도로 퍼져나갔다. 전쟁 중이었기 때문에 지주나 힘 있는 양반이라고 안 낼 수 없는 분위기였다. 하지만 이때의 대동은 나중에 성립되는 법으로서의 대동이 아니다. 당시 사료에는 대동으로 나오지만 오늘날 연구자들은 그것을 사대동私大同이라 부른다.

관행으로서의 사대동과 법으로서의 대동에는 결정적인 차이가 두 가지 있다. 하나는 사대동이 고을 단위로 행해졌다는 것과 관련이 있다. 사대동에서는 고을마다 단위 전결에서 걷는 액수가 크게 달랐고 그 액수가 법으로서의 대동에 비해서 대단히 높았다. 말하자면 사대동은 고을 안에서의 불평등만 조정한 것이다. 대동법은 전국적으로 단위전결당 동일한 액수를 거두고 그 수취액을 기존 수취액의 5분의 1 수준으로 떨어뜨렸다. 대동이 사대동과 다른 또 하나는 한 번 거둔 후에 다른 명목으로 추가로 거두지 않았다는 점이다. 1608년의 경기선혜법은 사대동 관행을 그대로 법으로 만든 것에 가까웠다. 그럼에도 대동법 성립의 긴 여정에서 사대동이 그렇듯이, 경기선혜법도 대동법 성립에 중요한 진전이었다. 하지만 그 자체를 최초의 대동법이라고 보기는 어렵다. 실제로 나중에 충청도와 전라도에서 대동법이 성립된 후 경기선혜법은 그에 따라 전면적으로 개정되었다. 경기선혜법에서 경기대동법으로 전환된 것이다.

조선은 어떻게
운영되었나?

대동법이 성립되는 데는 꽤 오

랜 시간이 걸렸다. 학계에서조차 오랫동안 그 이유를 양반 지주들의 저항에서 찾았다. 물론 그들의 저항이 없지 않았다. 그러나 그것이 대동법 성립이 지체된 가장 중요한 이유는 아니다. 대동법은 재정 시스템을 다시 짜는 거대한 국가 사업이었다. 이는 마치 달리는 기차의 바퀴를 교체하는 것과 같다. 개혁하는 동안 이전 체제의 작동을 중단할 수 없기 때문이다. 작동 중인 수취 체제를 고치는 일은 그만큼 어렵고 위험한 일이다. 고치는 정도도 단순한 수리 정도가 아니었다. 공납을 부담할 대상을 바꾸고, 지역마다 다른 납부액을 하나로 통일해야 했다. 주관할 관청도 새로 필요했다. 대동법을 주관하는 관청, 즉 선혜청은 성립되자마자 조선 최대의 재정 운영 기관이 되었다. 대동미를 수납하기 위해서 조운 체제도 전면적으로 재정비해야 했다. 대동법 이전까지 그에 비견되는 개혁 정책은 세종 26년(1444)에 성립된 공법뿐이다. 공법 성립에도 오랜 시간이 걸렸다. 하지만 그때는 건국한 지 얼마 되지 않아 대동법에 비하면 해결해야 할 과제들이 많지 않았다.

대동법 추진 과정에서 가장 큰 일은 부패한 공납 시스템에서 오랫동안 막대한 이익을 얻던 세력을 차단하는 일이었다. 그것은 극단적인 사회 갈등을 촉발할 수 있는 위험한 일이었다. 대동법 성립 이전에 백성들이 1결당 부담하던 액수는 대략 60말 이상이었으나 대동법 성립 이후에는 12말로 떨어졌다. 그런데도 정부 재정에는 전혀 문제가 없었다. 사실 대동법 성립 전에도 정부 수취액은 그 정도 수준이었기 때문이다. 백성의 납부와 정부 수납의 중간 과정에서 국가 재정의 서너 배가 빠져나간 것이다. 여기에 참여한 사람들이야말로 조선에서 가장 강력한 권력을 가진 사람들이었다. 따라서 대동법은 최고 권력 집단의 부패를 정교하게 도려내는 수술과 비슷했다. 그것은 조선 정부가 고도의 행정적·도덕적 능력을 가지고 있었음을 뜻한다.

현재의 한국과 과거의 조선은 가장 강력한 사회적 자원이 무엇인가하는 점에서 차이가 난다. 현재는 화폐가 가장 강력한 사회적 자원이다. 반면에 과거에는 관직이 그 역할을 했다. 지금은 화폐가 권력을 창출하지만 과거에는 권력이 부를 창출했다. 중요한 점은 두 나라가 가장 중요한 자원을 관리하는 방식이 다르다는 것이다.

조선은 관직을 일종의 공공재로 엄격히 관리했다. 물론 현실적으로 고관의 자식들은 관직에 나아가는 데 유리했다. 하지만 대개의 경우에 아버지, 할아버지가 고관이라 하여 그 자손이 남들보다 수월하게 문과를 통과할 수는 없었다. 또 국가 기관에서 책임 있는 자리에 오르려면 거의 예외 없이 문과 출신자여야 했다. 반면 현재의 한국은 가장 중요한 사회적 자원인 화폐를 사유제로 운영한다. 물론 화폐의 규모가 커지면 일정한 규제가 동반되지만, 그것이 사적으로 상속되는 것은 규제하지 않는다. 그 결과는 사회·경제적 계층화 속도의 현저한 차이로 표현된다. 물론 조선에도 부자는 있었다. 중요한 것은 그들의 사회적 발언권이 그들이 가진 부에 비례하지 않았다는 것이다. 이 점을 간과했기 때문에 많은 사람들이 양반 지주들의 저항을 대동법이 지연된 가장 큰 이유로 오해했던 것이다.

오늘날 민주주의가 단순한 철학적 개념에 그치지 않듯이 조선시대 성리학도 마찬가지였다. 성리학은 성리학자 개인의 머릿속에 있는 관넘 체계에 머물지 않았다. 조선에서 성리학은 국정 운영의 원리로 도입되었다. 조선 지식인들에게 국정 운영은 자신의 일이었다. 과거시험 최종 단계에 책문策問이 있었다. 국정 현안이 그대로 시험 문제가 됐다. 응시자들은 국정 현안에 대한 자신의 생각을 글로 표현한 책문策文을 제출해야 했다. 책문策文은 국정 운영의 원리에서 현실 문제의 해법을 연역하고, 그것을 유교 경전에 나오는 지식으로 입증하는 것이어야 했다. 따라서 조선의 지식인들은 늘 국정 현안에 대해 자기만의 생각을 가지고 있어야 했다.

선조 대부터 대동법이 최종적으로 성립된 숙종 중반 무렵까지 수없이 많은 대동법 관련 발언들이 조선왕조실록에 기재되었고, 개인 문집에 대동법 관련 기록을 남긴 사람도 400명이 넘었다. 발언했던 사람들 모두가 조선왕조실록에 이름을 남긴 것도 아닐 테고, 모든 사람이 문집을 남긴 것도 아닐 것이다. 문집 제작은 돈이 많이 드는 일이라 문중 차원의 뒷받침이 없으면 이루기 어려웠다. 결론적으로 대동법은 17세기 조선의 관료와 지식인 사회에서 가장 뜨거운 공적 논쟁의 주제였다.

지주가 아닌 관료가 공적인 발언권을 갖는다고 해서 관료가 발언권을 독점했다는 뜻은 아니다. 전혀 그렇지 않았다. 대동법 성립의 마지막 단계를 책임졌던 김육이 그것을 잘 보여준다. 당시 우의정이었던 그는 대동법을 추진하면서 몇 가지 범주의 반대 세력을 극복해야 했다. 그가 가장 힘겨워하던 세력은 지주도 관료도 아닌 사림이었다. 김집, 김상헌 같은 사람들이 바로 그들이다.

기존 연구에서는 사림의 대동법 반대를 두 가지 틀로 이해했다. 하나는 사림이 양반 지주들의 이익을 대변했다는 틀이다. 이미 언급했듯 그렇게 보기는 어렵다. 이보다 더 세련된 시각은 사림을 지방분권주의자로 보는 시각이다. 실제로 그런 측면이 없지 않다. 그러나 이보다 당대의 현실에 더 가까운 틀은 다음과 같은 의문과 관련된다. '장기적 관점에서 볼 때, 공동체의 공공성을 중앙정부와 공적 지식인들 중 누가 대표하는 것이 옳은가?' 이 같은 맥락에서 사림은 공적 지식인을 대표하는 집단으로 상정되었다. 더구나 광해군 정권을 부정하고 성립된 인조 정권은 집권의 정당성을 사림에서 찾았다. 바로 그 사림이 대동법을 반대할 때, 김육은 힘들어질 수밖에 없었다.

김육과
김집의 교훈

대동법 성립에는 오랜 세월이 소요되었다. 그 마지막 고비가 효종 원년(1650) 1월 김육과 김집의 대립이었다. 김집은 대동법에 반대한 사림의 종장이었다. 김집과 김육의 대립은 두 가지 관점에서 조명된다. 하나는 이들의 갈등이 당쟁과 대동법 성립의 교차점이라는 것이고, 다른 하나는 이들의 갈등이 해소되는 바로 그 시점이 실질적으로 대동법이 성립된 시점이라는 사실이다.

앞서 언급했듯 당쟁은 그 자체로 긍정적이거나 부정적이라고 할 수 없다. 당쟁은 권력을 향한 투쟁 자체이기 때문이다. 김육과 김집의 갈등은 확실히 당쟁의 형태를 띠었다. 하지만 이때의 당쟁은 건설적인 결과

잠곡 김육 화상첩

많은 사람들이 대동법 시행이 늦어진 이유를
양반 지주들의 저항에서 찾는다.
하지만 조선시대에는 사회적 발언권이 재산과 비례하지 않았다.
당시 공동체의 공공성을 대표하는 이는 지주가 아니라 사림이었다.
대동법 성립의 가장 큰 반대 세력 또한 그들이었다.

로 이어졌다. 이러한 결과를 낳은 것은 김육과 김집의 인간적 수준과 관련이 많다. 김집은 대동법을 반대했지만, 안민安民에 대한 김육의 진정성을 신뢰했다. 그 신뢰는 김육이 평생에 걸쳐서 보여준 행동의 결과였다.

학계에서도 오랫동안 대동법을 조선 정부가 좀더 근본적인 개혁을 호도하기 위해서 추진했던 미봉적인 개혁이라고 인식하였다. 정부가 할 수 있는 최대의 개혁은 늘 세금 개혁이다. 그리고 그것의 사회적 영향은 깊고 넓다. 1970년대 이후 한국에서 이런 주장이 제기된 이유는 한국이 민생을 위한 세금 개혁을 실시해 본 적이 없고, 조선 정부가 어떻게 운영되었는지 정확히 알지 못했기 때문이다. 조선에는 도덕적 권위로 무장한 지식인 집단과, 민생을 위해 헌신하는 관료들이 있었고 정부는 이들을 결코 무시할 수 없었다.

흔히 역사를 거울에 비유한다. 이 간단한 비유는 두 가지 내용을 함축한다. 하나는 과거의 현실을 그 시대의 조건과 가치 안에서 정합적으로 이해한다는 것이고, 다른 하나는 개별 시대의 현실을, 전체를 관통하는 보다 보편적인 관점으로 이해한다는 것이다. 이 방법을 통해서 우리는 과거를 현재화하고, 현재를 역사화할 수 있는 관점을 얻는다. 역사는 현재를 객관적으로 이해하기 위한 방법이다. 당쟁과 대동법은 조선이 건국 당시 세웠던 국정 운영 체제의 위기와 함께 나타난 현상이자 그 대안이었다. 그 대안은 조선의 국정 운영 원칙을 새로운 현실에 따라 재창조한 것이다. 형태는 달랐지만 근본 원칙은 달라지지 않았던 것이다.

조선은
닫힌 나라인가

한명기

명지대학교 사학과 교수. 서울대학교 국사학과에서 박사학위를 받았다. 주요 저서로 『임진왜란과 한중관계』『광해군』『정묘·병자호란과 동아시아』『병자호란 1, 2』『16세기, 성리학 유토피아』(공저) 등이 있고, 주요 논문으로 「광해군 대의 대북세력과 정국의 동향」, 「19세기 전반 반봉건 항쟁의 성격과 유형」, 「'재조지은'과 조선후기 정치사」 등이 있다. 첫 저서 『임진왜란과 한중관계』로 2000년 제25회 월봉저작상을 받았다.

2016년 여름은 뜨거웠다. 사드THAAD, 고고도 미사일 방어체제를 배치하겠다는 한국과 미국 정부의 발표가 나온 직후, 배치 예정지로 언급된 성주 주민들 뿐 아니라 온 나라가 찬반 여부를 놓고 격렬한 논란에 휩싸였다. 그런데 한국 입장에서 무엇보다 곤혹스러운 것은 중국의 태도였다. "한국의 사드 배치를 결코 좌시하지 않겠다."라며 격앙된 반응을 보이는가 하면 "유사시 사드 배치 지역이 중국의 선제 타격 대상이 될 수 있다."는 거친 언사까지 서슴지 않았다. "사드 배치는 오로지 북한의 핵 공격을 막기 위한 자위 수단일 뿐"이라는 거듭된 해명에도 불구하고 중국의 태도는 누그러질 기미를 보이지 않는다.

　　지금 동아시아 주변 정세는 초강대국으로 떠오르는 중국의 자신감, 그런 중국을 견제하려는 미국의 조바심과 일본의 초조감, 그리고 미국, 중국 모두와 이해관계를 맺고 있는 중소 국가들의 눈치 보기, 줄서기가 맞물리면서 격동하고 있다. 사드 논란에서 보이듯 미국, 중국 모두와 사활적인 이해관계로 연결되어 있는 한국의 입장은 특히 곤혹스럽다. 우리는 과연 미국과 중국이라는 두 강대국 사이에서 어떤 자세와 행보를 취하여 생존과 번영을 이루고 통일을 기약할 수 있을까?

강대국 사이에 끼여 살아남기 위해 고투해야 했던 현실은 조선시대에도 크게 다르지 않았다. 그것은 조선의 지식인들이 한반도의 지정학적 상황을 복배수적으로 표현했던 것에서 여실히 드러난다. 복배수적이란 정면과 배후 양쪽에서 적과 마주하고 있다는 뜻이다. 조선의 지식인들은 자국의 상황을 사면수적이라 표현하기도 했다. 이는 중국 대륙의 한족, 몽골족, 여진족 등을 상대하는 동시에 일본열도의 위협까지 신경써야 했던 조선의 고단한 현실이 반영된 용어였다.

그렇다면 조선은 이 같은 복배수적의 현실에서 어떻게 살아남았을까? 중국의 거대한 정치, 군사, 문화적 흡인력과 일본열도의 만만찮은 군사적 위협을 어떻게 헤쳐나갔을까? 이제 그 과거 속으로 들어가보도록 하자.

험난했던
건국 직후

1392년 건국한 조선은 명과의 관계를 원만히 유지하기 위해 부심했다. 이성계는 즉위 직후 명에 사신을 보내 왕조 교체 사실을 알리고 승인을 요청한다. 당시 사신이 가져간 국서에서는 '우왕은 군사를 일으켜 요동을 치려했는데 이성계가 상국을 범할 수 없다는 대의에 따라 회군했다'는 사실이 강조되었다. 새 왕조는 고려와 달리 명을 공순하게 섬기겠다는 의사를 표시한 것이다.

하지만 조선과 명의 관계는 긴장의 연속이었다. 명의 주원장은 조선의 건국을 인정하면서도 이성계를 승인하는 증표인 고명과 인신을 주지 않았다. 이 같은 이중적 태도는 당시까지 명이 완전히 장악하지 못한 요동을 조선이 넘보지나 않을까 견제하기 위한 것이었다. 한 예로 주원장은 1393년 6월, 조선이 여진인들을 포섭하여 요동을 침범하려 한다는 보고를 받은 뒤 신경질적인 반응을 보였다. 그는 과거 한반도의 왕조들이 흔단釁端, 즉 사이가 벌어지게 만드는 실마리를 만들었기에 한과 수·당, 요·금·원 등이 출병했음을 상기시킨 뒤 명 또한 그렇게 할 수 있다고 강조했다. 주원장은 더 나아가 변변찮은 조선은 간단히 제압할 수 있다고 협박하기도 했다.

주원장은 조선이 보낸 국서 가운데 명을 능멸하는 내용이 있다며 국서의 작성자를 잡아보내라고 요구했다. 이른바 표전 문제였다. 주원장은 표전 문제를 계기로 억류했던 조선 사신 정총 등을 처형하기도 했다. 표전 문제는 미천한 출신으로 황제 자리까지 올랐던 주원장의 열등감에서 비롯된 필화 사건으로 볼 수도 있지만, 조선을 길들여 상국이자 대국으로서의 위의威儀를 세우려는 의도가 담긴 사건이기도 했다.

표전 문제를 계기로 명의 압박이 극에 이르자 조선도 반발했다. 정도전, 남은 등을 중심으로 군사를 훈련하여 요동을 공격하려는 움직임이 나타나기도 했다. 이와 관련하여 '고구려의 고토를 수복하고자 실제로 시도하려 했던 조처'라는 적극적 평가가 있는가 하면 '사병 혁파 등 새 왕조의 과제들을 해결하기 위해 표방된 전술적, 방어적 차원의 계획'이라는 소극적 평가가 같이 존재한다. 여하튼 표전문 작성자를 잡아 보내라며 사신을 살해하기까지 했던 명의 외압에 맞서 군사를 길러 요동을 친다는 조선의 격한 반발이 있었던 사실은 건국 직후 조명 관계의 험난한 실상을 웅변하는 대목이다.

'지성사대'로 이룬
조명 관계의 안정

조명 관계는 1398년 이후 안정되는 국면으로 접어든다. 이해 명에서는 주원장이 죽고, 조선에서는 왕자의 난이 일어나 정도전 등이 제거되었다. 명에서는 제위에 오른 건문제와 연왕 사이에 내전이 일어났다. 내전의 와중에 건문제와 연왕 양쪽은 모두 조선을 회유해야 할 필요성을 느꼈고, 조선은 그 같은 상황에서 건문제 측으로부터 고명과 인신을 받아내는 데 성공했다.

건문제를 몰아내고 제위에 오른 연왕 영락제는 대외 팽창론자였다. 그는 수차례에 걸쳐 몽골 친정을 감행했고, 정화가 이끄는 대규모 함대를 아프리카 지역까지 보내 조공을 채근했다. 조선은 특히 영락제가 베트남을 정복한 것, 요동으로 급속히 진출하여 여진족을 초무한 것에 심각한 위기감을 느꼈다. 실제로 태종 13년(1413) 조선에서는 영락제가 공격해 올 경우 일본과 연합해서 맞서야 한다는 주장이 제기되도 했다.

조선 태종 2년, 명에서는
대외 팽창을 주장하던 영락제가 제위에 올랐다.
조선은 영락제의 베트남 정복과
요동 진출에 심각한 위기감을 느꼈다.
실제로 조선에서는 영락제가 공격해올 경우
일본과 연합해서 맞서야 한다는 주장까지 나왔다.

영락제 초상

영락제는 1421년 북경으로 천도했다. 명이 남경에 있을 때와는 비교할 수 없을 정도로 조선과의 거리가 가까워졌다. 영락제의 공격적인 대외 행보를 맞아 조선은 명과의 관계를 안정시키기 위해 부심할 수밖에 없었다. 태종은 영락제와의 직접 대결을 피하면서 최악의 경우 명의 침략까지 염두에 둔 방어책을 마련하려고 부심했다. 1418년 즉위한 세종은 '지성사대至誠事大'를 내세워 명에 대해 극히 공순한 자세를 취했다. 세종은 신하가 임금에게 충성을 다하듯이 명에 대해서도 성의를 다해 사대할 것을 강조하여 유교적인 군신·상하 관계를 명과의 관계에도 그대로 적용하려 했다.

지성사대를 강조했던 세종은 때로는 지나치다 싶을 정도로 명의 요구에 순응하는 자세를 보였다. 주목되는 것은 명이 공물로 요구했던 사냥용 매 해동청을 잡아 바치는 문제에 대한 세종의 태도였다. 매사냥에 맛들인 명의 왕공이나 귀인들에게 상납할 해동청을 잡아 북경까지 운송하면서 많은 폐단이 발생했다. 농번기에 농민들을 동원하면서 생기는 민폐, 운송 과정에서 폐사하는 해동청의 숫자를 채워야 하는 어려움 등을 고려하여 신료들은 명에 간청하여 해동청 상납을 면제받아야 한다고 강조했다. 하지만 세종은 상국의 요구에는 순응해야 한다며 신료들의 요청을 일축했다.

세종은 이처럼 순종적인 대명 자세의 이면에서 커다란 외교적 성취를 이뤄내기도 했다. 사군육진 개척을 통해 평안도와 함경도를 온전히 조선의 영토로 확보한 것이 그것이다. 사군과 육진의 개척은 그 지역에 살고 있던 여진족을 압록강과 두만강 밖으로 축출하지 않고는 불가능한 사업이었다. 과거 주원장이 조선의 여진족 초무에 반발했듯 명은 조선의 대여진 정책을 예의 주시하고 있었다. 따라서 세종이 명의 반발이나 개입 위험을 무릅쓰고 사군육진을 개척했던 것은 지성사대를 통해 이뤄낸 커다란 성과였다. 실제로 당시 명의 인종과 선종은 세종의 지성사대를 긍정적으로 인식하여 조선을 '충순하고 특별한 번국'이라고 평가했다. 그로써 정벌까지 운운하던 명의 외압이 사라지고, 조선에 찾아온 평화의 시간 동안 '때 이른 절정' 혹은 '조선 최고의 성세'로 평가되는 세종의 치세가 펼쳐질 수 있었다.

"위대한 명나라여 영원하라!"

세종 대 이후 16세기까지 조명 관계는 순탄하게 이어졌다. 조선은 수시로 북경에 사절을 보내 조공하고 각종 공물을 성의껏 진공했다. 또 조선 출신의 명 환관들이 칙사로 와서 자행했던 여러 폐단들도 감내했다. 세종 대의 윤봉, 성종 대 정동 등이 대표적인 사례였다. 윤봉 등이 탐학을 자행하고 무리한 요구를 일삼았지만, 조선은 이들을 잘 접대하여 명과의 관계를 원활히 하기 위한 윤활유로 활용했다. 조선은 또 여진족이나 왜구에게 잡혀갔다가 조선으로 탈출해온 한인 피로인들을 명으로 송환했다. 그 과정에서 피로인들의 소유권을 주장하는 여진족과의 마찰도 감수하면서 명에 대한 지성사대를 강조했다.

명 또한 조선의 충순한 자세를 높이 평가하여 조선을 배려하는 자세를 보였다. 명은 태종을 책봉하고 태종이 왕세자를 장남 양녕에서 삼남 충녕으로 교체한 것도 승인해주었다. 또 단종을 몰아내고 즉위한 세조의 정통성을 인정해주었을 뿐 아니라 연산군을 몰아내고 즉위한 중종까지 책봉해주었다. 이 같은 상황에서 명이 조선의 내정에 간섭하지 않고 자율성을 존중해주는 관행이 확립되어 갔다.

명과의 관계에서 이렇다 할 현안이 없는 상황에서 조선은 『대명회전』 등에 '이성계는 이인임의 아들이고 왕 씨의 네 왕을 시해했다.'라고 기록된 내용을 수정하는 것을 가장 시급한 과제로 여겼다. 이른바 종계변무 문제였다. 조선은 명에 줄기차게 사신을 보내 관련 내용을 고쳐달라고 호소했다. 이 문제는 결국 1587년 명이 『대명회전』을 중수할 때, 조선이 고친 내용을 부기하는 형식으로 해결되었다. 오랜 현안이 해결되자 조선의 조야는 감격했다. 선조는 문제를 해결하고 돌아온 유홍 등을 나라를 빛냈다는 의미의 광국공신으로 책록했다.

조명 관계가 순항하면서 명에 대한 조선 지식인들의 숭앙 의식 또한 고조되었다. 지식인들은 원을 제압하고 등장한 명을 '진정한 중화의 군주'로 인식했다. 16세기가 되면 명에 대한 숭앙은 절대화되었다. 한 예로 주세붕은 명을 조선을 인仁으로 포용하는 낙천자樂天者로, 조선을 명을 성誠으로써 섬기는 외천자畏天者로 찬양했다. 인으로 포용한다는 것은 대국 명이 소국 조선을 힘이 아닌 덕으로 어루만져 따르게 한 것에 대한 찬사였다. 16세기 조선 지식인들이 지녔던 숭명의식은 『동몽선습』에 실린 다음 구절을 통해 뚜렷하게 확인할 수 있다.

오랑캐 원나라가 송나라를 멸망시키고 세상을 통일하여 그 수명이 100년이나 되었으니 오랑캐의 융성함이 이와 같았던 적은 없었다. (그런데) 하늘이 (오랑캐의) 더러운 덕을 미워하시어 위대한 명나라가 높이 떠올랐으니 성스럽고 신령한 군주들이 서로 이어받아 천만년 동안 이어질 것이다!

『동몽선습』은 박세무가 편찬한 아동용 수신서로 책 내용의 절반 이상이 중국사와 한국사로 채워져 일종의 역사서로 볼 수도 있다. 위의 구절은 중국사의 맨 마지막 부분이다. '오랑캐' 원이 100년 가까이 중국을 지배한 것은 하늘도 염증을 낼만한 변고였다는 데 대한 믿음이 굳건하고, 천명을 받은 '위대한' 명나라가 등장하여 천년만년 영원히 이어질 것이라는 바람이 간절하다. 박세무가 살던 시대와 명이 영원할 것이라는 그의 간절한 믿음 등을 고려하면 그에게는 명의 멸망이나 새로운 오랑캐 왕조의 등장 같은 것은 상상조차 할 수 없는 일이었다. 이후 『동몽선습』이 초보 학동들이 반드시 읽어야 할 수신서가 되었던 것을 고려하면 '위대한 명나라가 영원불멸할 것'이라는 믿음은 17세기 지식인들에게도 깊이 각인되었을 것으로 보인다. 실제로 17세기 초 청의 위협이 커져가고 있을 때 존명배청의 기치를 높이 들고 청과의 전쟁도 불사하자고 외쳤던 척화신들에게도 『동몽선습』류의 숭명의식은 절대적인 가치로 자리 잡고 있었다.

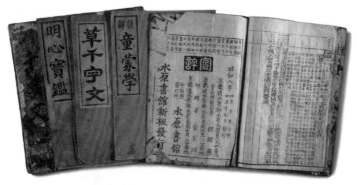

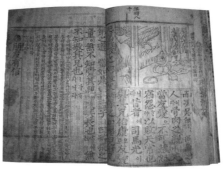

『천자문』, 『명심보감』과 함께 읽힌 『동몽선습』

1541년 박세무가 편찬한『동몽선습』은
당대 조선 지식인들의 숭명의식을 담고 있다.
『동몽선습』이 초보 학동들이 반드시 읽어야 할 수신서가 되면서
'명이 영원불멸할 것'이라는 박세무의 믿음은
후대 지식인들에게도 널리 각인되었다.

오랑캐의 침략을 막고
은혜와 위엄을 베풀어라

조선 외교의 핵심을 보통 사대와 교린이라고 한다. 사대가 명을 '공손히 섬기는 행위'였다면, 교린은 조선이 일본, 여진과 '대등하게 사귀는 것'이라고 인식되어 왔다. 하지만 교린은 일본, 여진과 대등하게 사귀는 것이 결코 아니었다. 조선은 일본과 여진을 동등한 이웃으로 여기지 않았다. 조선은 상국이자 대국으로 자임하면서 일본과 여진을 은혜와 위엄으로 포용하고 제어해야 할 대상으로 인식했다. 일본과 여진을 상대함에 있어 "은혜가 없으면 그들의 마음을 기쁘게 할 수가 없고, 위엄이 없으면 그들의 뜻을 두렵게 할 수 없다. 은혜가 지나치면 그들이 교만하게 되고 위엄이 지나치면 원망하게 된다."라는 표현에서 그 같은 인식을 확인할 수 있다. 조선은 일본과 여진을 상대할 때 은혜와 위엄을 어떤 비율로 활용할 것인지를 늘 고민했다.

9세기 이후 단절되었던 일본과의 정치적 관계는 15세기에 재개되었다. 조선이 대일 관계를 복원하게 된 계기는 왜구 문제 때문이었다. 왜구는 14세기 후반부터 한반도 연해 지역을 휩쓸며 약탈, 살인, 납치 등을 일삼았다. 그 피해가 얼마나 컸던지 한때 고려는 개경을 버리고 철원으로 천도할 것을 고려했을 정도였다.

조선은 건국 직후부터 왜구를 억제하기 위해 교토에 있는 무로마치 막부와 접촉했지만 별 성과가 없었다. 당시 일본은 지역별로 분열되어 있어서 지방에 대한 막부의 정치적 영향력이 제한적이었기 때문이다.

이에 조선은 막부 외에도 큐슈의 이마가와 씨나 오우치 씨 등 유력자들과 접촉하여 왜구 금압을 요청했고, 이들은 조선이 약속한 대장경 제공이나 무역 허용 등의 반대급부를 고려하여 왜구를 금압하겠다고 다짐했다. 이처럼 왜구 문제를 해결하려고 교섭하는 과정에서 조선 조정이 막부, 지방 다이묘, 호족, 상인 등 다수의 일본 측 상대자들과 교섭하게 되는 일대다의 다원적인 관계가 형성되었다.

조선은 또 왜구가 될 가능성이 있는 일본인들을 회유하는 정책을 실시했다. 왜구의 우두머리들에게 귀순을 장려하고, 귀순한 자에게는 토지와 가재도구를 지급하고 생활 기반을 마련해 주었다. 이에 호응한 일본인들을 투화왜인 혹은 향화왜인이라 하고, 그들 가운데 조선으로부터 벼슬을 받은 사람들을 수직왜인, 큐슈 등 지방 유력자들의 사인使人으로 조선에 와서 무역하는 사람들을 사송왜인, 독립적으로 조선과 무역하는 사람들을 흥리왜인이라고 불렀다.

조선은 부산포, 제포, 염포의 삼포를 일본에 개방하고 서울과 삼포에 왜관을 설치하여 외교와 교역 등의 편의를 제공했다. 또한 조선은 대마도 영주에게 매년 수백 석의 곡식을 하사하여 식량 문제를 해결해 주고 그들을 통해 왜구를 통제하려고 시도했다. 그럼에도 불구하고 1419년 대마도 출신 왜구 선단이 충청도 비인에 나타나 약탈을 자행하자 세종은 같은 해 6월, 이종무 휘하 1만 7000여 명의 병력을 보내 대마도를 정벌했다. 조선은 이듬해인 1420년, 송희경을 교토로 보내 대마도 정벌의 진의를 설명하여 막부의 오해를 푸는 한편, 다시 대마도를 포용하고 우대하여 그들에게 왜구 금압을 맡기는 방향으로 정책을 전환한다. 조선

15세기 조선의 회유책에 힘입어
수많은 왜인이 조선 땅으로 들어왔다.
왜인들은 거주 허용 구역을 넘어
밀무역과 불법 어로 등을 일삼았다.
조선 정부가 이를 통제하려는 움직임을 보이자
곳곳에서 왜변이 일어났다.

초량왜관의 전경

은 1443년 계해약조를 맺어 조선에 오는 통교자에게 구리로 만든 도장인 도서圖書를 주어 징표로 삼고, 서계書契와 문인文引 제도를 정비하고 세견선의 수를 약정하였으며, 일본인들의 삼포 거주와 어업 관련 규정, 상경하는 일본인들에 대한 접대 규정 등을 정비했다.

회유책을 통해 왜구 문제를 해결하려 했던 셈인데 그 과정에서 조선은 각종 사여를 통해 귀순해 오는 일본인에게 '대국'의 위엄을 드러내고자 했다. 조선은 사회·경제적 부담을 감수하며 왜구가 될 가능성이 있는 자들을 평화로운 통교자로 전환시키려 했으나 결과적으로 조선으로 몰려든 일본인의 수가 급증하고 가짜 사절까지 출현하는 등 부작용이 나타났다.

조선의 회유책은 15세기 후반부터 한계에 부딪힌다. 삼포 지역은 수천 명의 일본인들로 넘쳐났다. 조선을 낙토樂土로 여겨 쇄도했던 일본인들은 거주 허용 구역을 넘어 횡행하는가 하면 밀무역, 불법 어로 등을 일삼았다. 또 서울과 삼포를 수시로 왕래하는 일본 사절들을 접대하는 과정에서 연로 주민들의 부담과 고통이 컸다. 급기야 조선 정부가 삼포 등지의 일본인들의 불법 행위를 단속하고 통제하려는 조처를 취하자 1510년, 불만을 품은 삼포와 대마도의 일본인들이 폭동을 일으켰다. 조선은 삼포왜란을 진압한 뒤 대마도와의 통교를 끊었지만 갈등은 이어졌다. 1544년 사량진왜변, 1555년 을묘왜변 등이 잇따라 발생하여 대일관계는 파탄의 지경으로 내몰리고 있었다.

조선은 여진족을 회유하고 통제하는 데에도 많은 노력을 기울였다. 건국 직후부터 조선은 국경 지역의 여진족을 '조선의 울타리'로 인식하여 우대했다. 15세기에는 많은 여진족 추장들이 상경하여 조공한 뒤 하사품을 받았고, 관직에 임명되기도 했다. 조선은 또한 경성, 경원, 만포 등지에서 여진족과의 교역을 허용하여 곡물, 소, 철제 농기구 등을 공급하고 말과 모피 등을 구매했다. 이렇게 공급된 조선의 소와 농기구 등을 기반으로 여진 지역의 농경화가 크게 진전되었다.

조선이 여진을 초무하고 회유하자 명은 의심을 눈길을 보내며 반발했다. 명의 주원장은 조선이 여진족에 접근하는 것을 요동에 대한 영토적 야심과 연결시켜 경계했다. 이후 영락제가 요동으로 본격적으로 진출하여 여진족들을 초무하려 시도하자 조선은 바짝 긴장했다. 명은 1405년, 조선이 울타리로 여기던 오도리의 추장 퉁밍거티무르에게 건주위도지휘사를 제수했고 퉁밍거티무르는 명으로 귀순했다. 영락제의 공세적인 요동 진출과 여진족 회유를 맞아 조선은 위기감을 느끼면서 수세적인 자세를 취할 수밖에 없었다.

세종은 지성사대를 통해 명의 의구심을 해소하려 노력하는 한편, 여진족에 대해 강온 양면 정책을 펼친다. 일례로 1433년 여진의 한 부족인 우디캐에서 퉁밍거티무르 부자를 살해하자 조선은 우디캐를 정벌했다. 1433년과 1437년에는 파저강 일대의 건주위 추장 이만주를 공격했다. 그러면서 사군과 육진을 설치하여 여진족을 압록강과 두만강 너머로 몰아내거나 조선의 지배를 받는 주민으로 변화시켜 갔다. 여진족을 견제·포용하면서 평안도와 함경도를 영토로 확보했던 것은 명의 의구심과 여진의 원한 사이에서 절묘하게 발휘된 세종의 탁월한 외교 수완 덕분에 가능했다.

조선이 여진을 회유하는 것에 민감한 반응을 보였던 명도 15세기 중반 이후에는 여진을 통제하기 위해 조선에 협조를 요청하기도 했다. 이런 배경에서 조선은 1460년 두만강 부근의 모련위를 정벌했고, 1467년에는 명군과 함께 건주위를 공격했으며 1479년에는 명의 요청을 받아 다시 건주여진을 치는 데 동참하기도 했다.

16세기에도 조선과 여진족의 마찰은 이어졌다. 당시 육진 지역에는 조선 백성들과 성저야인城底野人이라 불리는 여진인들이 이웃하여 살고 있었다. 이들이 밀접하게 통교하면서 갖가지 문제들이 생겨났다. 여진인들이 조선인들을 유인하여 납치하거나 부세 등의 부담을 피하여 조선인 스스로 여진 지역으로 귀순하는 일이 빈번하게 벌어졌다. 또 조선의 지방 수령들이 관할 지역의 여진인들에게 가혹하게 대하거나 탐학을 자행하면서 사달이 빚어지기도 했다.

당시 무엇보다 심각한 것은 모피를 둘러싼 문제였다. 15세기 말부터 조선에서는 왕실과 권귀들은 물론 민간인들까지 모피로 만든 옷이나 방한구 등을 착용하면서 모피 수요가 급증했다. 16세기 초 평안도와 함경도 백성들은 모피를 얻기 위해 소, 농기구, 철물 등을 여진인들에게 넘겼다. "평안도와 함경도의 소들이 야인들에게 전부 넘어가서 백성들은 말을 가지고 밭을 간다."는 말이 나올 정도였다. 특히 서북의 지방관들 가운데는 중앙에 상납할 모피를 확보하기 위해 지역 주민과 여진인들의 무역을 강요하는 경우도 있었다. 이 때문에 서북 백성들이 한반도 남쪽이나 여진 지역, 요동 등으로 도망치는 사례가 빈발했다. 일부 지방관들은 여진인들에게 모피를 강매하거나 빼앗아 원한을 사기도 했다.

여진족에 대한 조선의 통제는 16세기 중반 이후 위기를 맞는다. 조선 백성들이 기근과 가렴주구 등을 견디지 못하고 도망하여 '서북 지방이 텅텅 비어 가는' 와중에 모피 무역 등으로 부강해진 여진족을 제대로 통제하기 곤란해진 것이다. 1583년에는 두만강 부근 여진 수령 니탕개가 침략하여 위기감이 높아졌다. 이와 관련하여 최근에는 이이가 강조했다는 10만 양병설이 여진의 위협에 대비하기 위한 대책이었다는 학설이 대두된 바 있다. 하여튼 이후 건주여진의 누르하치가 굴기하여 주변의 여진 부족을 본격적으로 아우르기 시작하면서 조선과 여진의 관계는 새로운 국면으로 접어들게 되었다.

일본의 굴기와
임진왜란

1498년 포르투갈의 바스코 다 가마는 아프리카 남단을 돌아 인도의 캘리컷에 도착했다. 그의 뒤를 이은 포르투갈 사람들은 1511년 말라카를 점령하고 향신료 제도라고 불리던 몰루카까지 진출했다. 향료를 구하고 기독교를 전파하기 위해 시작된 대항해시대의 여파가 아시아까지 몰려오기 시작했다. 중국의 문을 계속 두드렸던 포르투갈 상인들은 1557년 마카오를 거점으로 명과 일본을 연결하는 중개무역을 시작했다.

한편 16세기 초부터 일본에서는 조선에서 유입된 회취법灰吹法을 바탕으로 은 생산이 폭증했다. 명 정부는 해금을 통해 일본과의 무역을 금지했지만 명의 생사와 도자기를 일본의 은과 교역하려는 욕구가 분출했다. 그 과정에서 '16세기 왜구'라 불리는 무장 상단들에 의한 밀무역이 성행했다. 또 스페인이 포토시 등지에서 채굴한 은 또한 1571년 이래 마닐라를 거쳐 명과의 무역에 투입되었다. 어마어마한 분량의 은이 중국으로 유입되고 있었다.

1543년 말라카에서 중국으로 가던 배 한 척이 표류 끝에 큐슈 근처의 다네가시마에 다다랐고, 배에 타고 있던 포르투갈 상인에 의해 일본으로 조총이 전래된다. 전국시대 일본에서 조총은 빠르게 퍼져갔고, 1575년 나가시노 전투에서 오다 노부나가가 조총을 활용하여 다케다 가츠요리의 기마 군단을 제압한 이후 일본군의 주력 무기로 자리 잡게 되었다. 이후 1587년 오다 노부나가의 부하였던 도요토미 히데요시가 일본을 통일한다. 군사적 자신감이 커진 히데요시는 명나라 정복을 공언하면서 명을 치는 데 앞장서라고 조선을 위협하지만 강한 숭명의식과 일본에 대한 우월의식을 지녔던 조선이 그를 무시하면서 1592년 일본군의 침략이 시작되었다.

전쟁 초반 일본군은 승승장구했다. 오랜 전국시대를 통해 실전 경험이 많았던 데다 신무기 조총까지 갖췄기 때문이다. 반면 16세기 중반까지 기승을 부렸던 척신 정치의 난맥 속에서 군사력이 크게 저하되었던 조선은 갑작스런 전쟁에 제대로 대응하지 못했다. 이순신 휘하 수군의 승리와 의병들의 활약 덕분에 겨우 버텼지만 국왕인 선조가 의주까지 파천하는 등 조선은 위기에 몰렸다.

명은 조선의 위기를 방관할 수 없었다. 조선이 무너질 경우 요동이

포르투갈 상인들의 일본 내항을 묘사한 『남만병풍(南蠻屏風)』

1543년 말라카에서 중국으로 가던 배 한척이
큐슈 근처의 다네가시마에 표착하고,
그 배에 타고 있던 포르투갈 상인이 일본에 조총을 전한다.
이는 이후 동아시아 역사를 뒤흔들 운명적인 사건이었다.

위험해지고 끝내는 북경까지 위협받을 수 있었기 때문이다. 명은 그런 상황을 막기 위해 조선에 원병을 보낸다. 1593년 1월 이여송이 평양을 탈환할 때까지만 해도 명군의 참전은 성공적이었다. 하지만 일본군을 추격하던 명군이 벽제에서 참패하자 전황은 꼬이기 시작했다. 명은 이후 일본과 강화를 추진한다. 전쟁이 장기화되고 전비 부담이 커지는 것을 우려한 데다 일본군을 서울 부근까지 밀어냄으로써 참전 목표가 달성되었다고 인식했기 때문이다.

명은 조선에 일본에 대한 원한을 접고 자신들의 강화 방침을 따르라고 강요했고 조선이 이에 반발하자 군대를 철수하겠다고 위협했다. 명 조정에서는 선조 퇴위론, 조선의 직할령화 등이 거론되기도 했다. 명의 참전 이후 조선의 주권이 심각하게 흔들리면서 번국의 내정에는 간섭하지 않는다는 관행도 흔들리기 시작했다. 강화 협상이 진행되는 동안 일본군은 남해안 일대에 머물며 피로인 납치, 물자 약탈 등에 광분했고 명군 또한 전의 없이 주둔만 하면서 엄청난 민폐를 끼쳤다. 조선 백성들은 최악의 고통에 신음해야 했다.

1596년 명 사신이 오사카에서 도요토미 히데요시를 일본 국왕으로 책봉했다. 하지만 책봉 말고는 자신의 요구가 하나도 충족되지 못했다는 사실을 깨달은 히데요시가 1597년 다시 조선을 침략한다. 정유재란 발발 직후 원균이 이끄는 조선 수군이 칠천량에서 궤멸되고, 일본군이 전라도를 거쳐 북상하자 조선은 다시 위기에 처한다. 하지만 이순신이 명량해전에서 승리하고 곧이어 조명 연합군이 직산에서 승리한 것을 계기로 전쟁은 다시 소강 국면으로 접어든다. 당시에도 명군은 '겉으로는 싸우되 속으로는 강화를 꾀하는' 이중적인 태도를 보였다. 결국 1598년 히데요시가 죽고 일본군이 철군하면서 7년에 걸친 전쟁은 종료되었다.

전쟁터가 된 조선의 피해는 막심했다. 인구가 감소하고 경작지가 황폐화되면서 국세가 크게 위축되었다. 침략자 일본에 대한 적개심이 고조되어 그들을 '만세불공지수萬世不共之讐'로 인식했다. 반면 명의 참전과 원조를 '재조지은再造之恩', 즉 나라를 다시 세워준 은혜로 여겨 숭앙하는 분위기가 퍼져갔다. 심지어 임진왜란을 아예 재조再造라고 부르는 사람도 있을 정도였다.

임진왜란에 참전하면서 대략 700만 냥 이상의 막대한 전비를 소모한 명은 부족한 재정을 보전하고자 증세 조처를 취하고, 병력 충원과 물자 운반에 하층민들을 동원했다. 그 과정에서 백성들의 원한이 깊어졌다. 여기에 만력제가 각지에 환관을 보내 광세鑛稅까지 징수하면서 사회가 동요하고 급기야 민중 반란이 일어났다. 한편 만주에서는 건주여진의 누르하치가 굴기하면서 새로운 위협으로 떠올랐다.

일본은 침략자로 규탄받았지만 전쟁을 통해 얻은 것이 적지 않았다. 전쟁 중에 무위를 과시하면서 동아시아 군사 강국으로 인식되기 시작했고, 조선에서 끌고 간 인적 자원과 도서, 자기 등의 약탈 물자는 이후 일본의 사회·경제 및 문화 발전에 커다란 보탬이 되었다. 도요토미 히데요시의 죽음 이후 벌어진 세키가하라 전투에서 도쿠가와 이에야스가 승리하고 집권하면서 일본의 에도막부 시대가 열렸다.

만주의 굴기와
병자호란

1592년 임진왜란 당시 조선은 건주여진의 누르하치로부터 원병을 보내겠다는 제의를 받았다. 과거 여진족을 야인이라 부르며 오랑캐라고 하찮게 여겼던 조선의 입장에서 누르하치의 제의는 커다란 충격이 아닐 수 없었다. 임진왜란 이후 건주여진의 굴기는 더 두드러졌다. 1593년 해서여진을 제압했던 누르하치는 1599년 만주문자를 창제하고 1603년 허투알라로 천도했다. 이어 1615년 팔기제를 정비하고, 1616년 대금 건국을 선언하면서 천명이라는 연호를 쓰기 시작했다. 명의 지배에서 벗어나 독립하겠다는 목표를 분명히 드러냈던 것이다. 이윽고 누르하치는 1618년 7대한, 즉 7개의 큰 한을 내걸고 명에 선전포고한 뒤 무순을 공격했다.

누르하치의 도전에 놀란 명은 응징 준비에 착수하는 한편, 조선에게도 누르하치를 치는 데 동참하라고 강요했다. 명이 임진왜란 당시 조선을 구원했으니 누르하치를 공략함으로써 그 은혜에 보답하라고 촉구한 것이다. 전형적인 이이제이책이었다. 명의 파병 요구에 조선 조정은 동요했다. 광해군은 왜란의 후유증에서 회복되지 못한 조선의 어려운 현실을 들어 파병을 거부하려고 했다. 반면 대다수 비변사 신료들은 '부모국이자 은인인 명을 위해 파병해야 한다.'고 맞섰다. 명의 압력과 신료들의 채근에 밀린 광해군은 1619년 1만 5000의 병력을 보내 명의 원정에 동참한다. 이때 광해군은 원정군 사령관으로 중국어 통역 출신의 문관 강홍립을 임명했다. 군대를 보내되 명군 지휘부와 협상할 수 있는 지휘관을 보냄으로써 조선군의 피해를 최소화하고자 했던 것이다.

명군 제독 유정의 휘하에 배속되었던 조선군은 1619년 3월, 심하에서 후금군의 기습을 받고 참패했다. 두송 등이 이끄는 명군 주력이 사르후에서 궤멸된 직후였다. 강홍립은 남은 병력을 이끌고 후금에 투항했다. 명 조정은 사르후에서 참패한 뒤 조선에 원병을 다시 보내라고 요구했지만 광해군은 응하지 않았다. 이후 조정 안팎에서는 '광해군이 강홍립에게 밀지를 내려 고의적으로 항복하라고 지시'하여 '궁극에는 명의 원정을 망쳐버렸다.'는 풍문이 확산되었다.

1623년 정변이 일어나 광해군 정권이 무너지고 인조 정권이 들어섰다. 애초에 인조의 집권을 불법적인 찬탈로 여겼던 명은 고심 끝에 그를 승인한다. 사르후 패전 이후 더욱 커진 후금의 위협에 맞서 조선의 군사적 협력이 더욱 절실해졌기 때문이다. 명으로부터 책봉을 받아야 했던 인조 정권 또한 '누르하치를 토벌하여 명의 은혜를 갚겠다.'며 친명의 기치를 명확히 했다.

조선의 친명은 당시 가도에 주둔하고 있던 한인 장수 모문룡을 접제하는 것으로 구체화되었다. 조선이 모문룡을 적극 지원하면서 후금과의 관계는 악화되었다. 1627년 누르하치가 죽은 후 한위汗位에 오른 홍타이지는 모문룡을 제거하고 조선을 길들이기 위해 침략을 감행했다. 후금군이 승승장구하며 황해도까지 남하하자 인조와 조선 조정은 서둘러 강화도로 피신했다. 전쟁이 길어져 명으로부터 배후를 차단당할까 우려한 후금은 조선에 화의를 제의했고 조선이 이를 받아들여 두 나라 사이에 형제 관계가 맺어졌다. 조선이 아우가 되고 후금이 형이 되는 화친이 성립된 것이다. 조선은 면포 1만 5000필을 세폐로 보내고 국경 지대에 시장을 열겠다고 후금에 약속했다.

정묘호란 이후 조선의 입장은 더 어려워졌다. 명의 신하이자 후금의 아우인 조선이 명과 후금의 대결 구도에 휘말렸기 때문이다. 후금이 본격적으로 명을 공략하여 승승장구하면서 조선은 점점 더 곤란한 상황에 빠졌다. 명은 조선을 배신자로 의심했고, 후금은 명과 대등한 수준의 대접을 기대했다. 1636년 후금이 마침내 대청 건국을 선언하고 칭제건원하자 조선은 벼랑 끝으로 내몰렸다. 섬겨야 할 황제가 둘이 된 상황을 맞아 인조와 척화신들은 전쟁을 감수하고 청과의 관계 단절을 택했다.

1636년 12월, 청군 철기가 조선으로 쳐들어오면서 다시 전쟁이 일어났다. 조선 조정은 남한산성으로 들어갔으나 청의 공략과 포위를 버텨내기에는 역부족이었다. 결국 47일 만에 항복하여 청에게 신속하기로 다짐했고, 명과의 관계는 단절되었다. 그 뿐만 아니라 10만 이상의 피로인들이 청군에 붙잡혀 심양으로 끌려가는 참극이 벌어졌다. 또 조선은 병력을 동원하여 청군과 함께 가도를 공격하고, 1642년에는 송산, 금주, 탑산, 행산 등지를 공략하는 데에도 동참했다. 인조는 왕권을 유지하기 위해 청의 강압적인 요구에 순응할 수밖에 없었다. 일각에서는 청에 원수를 갚고 부끄러움을 씻어야 한다는 주장이 나왔지만 실현 가능성이 없었다.

명청 교체와 동아시아,
그리고 조선

1644년 청군은 산해관을 넘어 북경으로 진입하여 명을 장악했다. 그때 이후로 청은 조선에 대한 압박을 풀어주었다. 인질로 잡아두었던 소현세자를 귀국시켰고, 세폐를 경감하고 사행도 간소화했다. 청의 압박이 완화되는 시점에 즉위한 효종은 북벌을 표방하며 군사력을 증강하려고 시도했다. 하지만 청의 감시망이 여전히 작동하고 있었고 자연 재해의 빈발로 기근이 이어지면서 북벌을 실행하기가 여의치 않았다. 1659년 효종의 죽음과 함께 좌절된 북벌 논의는 숙종 초 윤휴 등에 의해 다시 거론되었지만 실현되지 못했다. 청의 국력이 점점 더 강성해지는 흐름 속에 1681년, 오삼계 등이 일으켰던 삼번의 난마저 진압되면서 조선은 청에 대한 도전을 포기할 수밖에 없었다.

17세기 후반 중원을 장악한 이후 청의 태도는 또 달라졌다. 1706년 청의 강희제는 '끝까지 명을 배신하지 않은 조선은 예의를 중시하는 나라'라고 찬양했다. 명에 대한 조선의 일편단심을 청에 대한 충절로 바꾸어 생각할 만큼 자신감이 커졌던 것이다. 청이 조선을 풀어주는 분위기 속에 조선 내부에서는 대명의리론, 조선 중화주의 등이 대두되었다. 군사적으로는 청에 굴복했지만 직접 지배를 받지는 않고, 강희제에게 일편단심을 지닌 나라로 평가받는 상황에서 사상적·이념적으로 어느 정도 자유롭게 운신할 수 있는 여지가 생겼던 것이다.

이후 조선은 현실에서는 '오랑캐' 청을 상국으로 받들면서도 관념에

갑옷을 입은 청 강희제

강희제는 '끝까지 명을 배신하지 않은
조선은 예의를 중시하는 나라'라고 찬양했다.
중원을 완전히 장악한 이후
조선에 대한 자신감이 높아진 것이다.

서는 이미 사라진 '중화국' 명을 추억하며 자신을 '중화의 계승자'로 자리매김할 수 있었다. 18세기에 들어 청과 조선 사이에 백두산 정계 문제, 범월犯越 문제 등 이런저런 갈등이 빚어졌지만 심각한 문제는 발생하지 않았다. 시간이 흐르면서 청에 대한 반감이나 적개심은 점차 희석되어 갔다. 18세기 중반이 되면 청이 조선을 대접하는 것이 명보다 더 낫다는 등의 인식이 떠오르고 중화의 문명을 온존하고 있는 청의 발달된 문물을 제대로 배워야 한다는 북학론까지 대두되었다. 북벌에서 북학으로의 극적인 전환이었다.

임진왜란 이후 건주여진이 굴기하여 조선과 명을 위협하자 조선과 일본의 관계도 영향을 받을 수밖에 없었다. 일본이 비록 임진왜란을 자행한 만세불공의 원수지만, 서북의 정세가 급박해진 상황에서 조선은 일본을 적으로만 대할 수 없었다. 더욱이 일본이 국교를 재개하지 않으면 다시 침략할 수도 있다고 협박하는 상황에서 조선은 어쩔 수 없이 1607년 회답 겸 쇄환사를 파견하고 일본과 통교를 재개했다. 사실상 상황에 떠밀려 원한을 억누르고 체결한 내키지 않는 통교였던 셈이다.

1627년 정묘호란이 일어나고 후금의 위협이 더욱 커지자 일본은 조선에 적극적으로 접근했다. 1629년 일본은 대륙 정세 파악을 명목으로 겐보 일행을 서울로 올려보내겠다고 고집을 부린다. 조선은 임진왜란 이후 일본 사신의 상경을 엄격히 금지했지만 결국 그 요구를 수용할 수밖에 없었다. 후금의 위협과 명의 압박에 시달리는 처지에서 일본과의 관계마저 악화시킬 수 없었기 때문이다. 17세기 초 조선은 삼면에서 외압에 직면하고 있었던 것이다.

병자호란이 일어나자 일본은 원수라는 굴레를 벗어던지고 조선의 우방으로 변신할 기회를 얻게 되었다. 인조로부터 삼배구고두를 받아낸 청이 조선의 원수가 되고, 일본은 청을 견제하기 위해 조선이 도움을 구해야 할 우방으로 떠올랐다. 실제 일부 신료들은 일본과 우호적으로 교류하여 청을 견제하자는 이왜제청론以倭制淸論을 제기했다. 이 같은 분위기에서 일본은 조선에 각종 물자를 요구하고, 왜관의 증축과 초량으로의 이전을 실현시킨다.

명이 멸망하고 남명 정권이 일본에 원군을 요청하면서 일본의 존재감은 더 커진다. 병자호란과 명청 교체를 거치는 동안 조선은 일본의 동향에 주목하면서 그들의 재침을 경계했다. 남한산성과 강화도 등지를 수선하는 데 힘을 쏟은 것도 그 때문이었다. 물론 청에는 "일본의 동향이 우려되기 때문"이라고 강조했다. 조선은 일본에서 막부의 장군이 바뀔 때마다 통신사를 파견하여 축하했다. 조선 국왕과 막부 장군을 대등한 존재로 상정한 외교 형식이었다. 하지만 '장군의 주군'인 천황이 엄연히 존재했던 현실을 고려하면 '조선 국왕=막부 장군'의 틀로 진행되었던 조일외교는 심각한 위기를 맞을 위험성을 안고 있었다. 부산에 있는 왜관 또한 조선에는 화근이었다. 영조 대에는 1700명 가까운 일본인들이 왜관에 머물면서 주변 조선인들과의 접촉을 통해 얻은 조선의 내부 사정을 일상적으로 유출했다. 왜관은 일종의 간첩 소굴로서 조선 안보의 커다란 위협 요소였던 것이다.

병자호란 이후 18세기 후반까지 조선은 청과 일본이라는 두 강국 사이에서 힘겨운 외교적 노력을 기울여야 했다. 청의 굴기와 압박 때문에 만세불공지수 일본과 내키지 않게 화해하고 그들을 우방으로 끌어안아야 했던 것, 왜관을 복구하고 통신사를 보내 일본을 다독여야 했던 것 등은 두 나라 사이에 낀 복배수적의 나라 조선의 고뇌를 보여주는 대목이다.

1장 우리 고대사의 영역은 어디까지인가

1 학계에서 정식으로 학문적인 훈련을 받지 않은 일반 시민 가운데 우리 역사, 특히 웅대한 상고사에 많은 관심을 가지고 이를 복원하기 위해 노력하는 아마추어 역사 학자들을 지칭한다. 여기에는 강단에 있지만 철학이나 사회학, 언어학 등 역사학 이외의 분야를 전공하고 민족주의적인 시각으로 웅대한 상고사를 찾고자 노력하는 분들도 포함된다. 최근에는 이러한 재야 사학자들을 '유사 역사학자'라고 부른다.

2 송호정 「한국상고사 논쟁의 본질과 그 대응」, 『역사와 현실』 100호 특집호, 2016.

3 이형구 「대릉하 유역의 은말주초 청동기문화와 기자 및 기자조선」, 『한국상고사학 보』 5호, 한국상고사학회 1991; 이형구 「발해연안 대릉하 유역 기자조선의 유적유 물」, 『고조선과 부여의 제문제』, 한국고대사연구회 1996.

4 사마천 『사기』, 조선열전.

5 송호정 『처음 읽는 부여사』 사계절 2015.

6 진수 『삼국지』 위서 동이전.

7 노태돈 「고구려 초기의 취수혼에 관한 일고찰」, 『김철준 박사 화갑기념 사학논총』, 김철준박사화갑기념사학논총간행준비위원회 1983.

8 노태돈 「취수혼에 대해」, 『고구려사 연구』, 사계절 1999.

2장 신라의 여왕 출현, 어떻게 가능했나

1 『삼국사기』 신라본기 5, 진덕왕 8년 춘3월조; 『삼국사기』 권29 연표 상; 『삼국사기』 권31 연표 하 참고.

2 이기동 교수는 진흥왕의 직계인 동륜태자의 직계 비속으로 구성된 소(小) 리니지 (lineage) 집단이 나머지 왕실 친족 집단의 구성원이 속한 진골보다 한층 높은 신분

으로서의 성골을 주장했을 것으로 추정했다. 이기동 「신라 내물왕계의 혈연의식」, 『역사학보』 53·54합집, 1972.

3 불교 경전에는 정반왕의 형제들로 백반왕과 곡반왕(斛飯王) 등이 등장하는데, 국반은 곡반을 달리 표기한 것으로 볼 수 있다.

4 이차돈이 법흥왕에게 불교를 가리켜 '대성의 가르침'이라고 했다는 『해동고승전』의 내용에서 그런 인식을 뚜렷이 확인할 수 있다.

5 성골이라는 명칭이 불교와 직접 관련된 것임은 일찍이 다음 문헌에서 자세히 언급된 바 있다. 문경현 「신라왕족의 골제」, 『대구사학』 11권, 1976.

6 강종훈 「하늘신을 밀어낸 부처님」, 『삼국시대 사람들은 어떻게 살았을까』, 청년사 1998.

7 『삼국사기』 권5, 신라본기 4 진지왕 즉위조를 보면 진지왕의 이름을 사륜(舍輪)이라고 전하면서 세주의 형태로 "혹은 금륜(金輪)이라고도 한다."고 부기했다. 이에 학계 일각에서는 '사'를 '쇠'와 음이 통하는 것으로 보고 '금륜=사륜'으로 이해하기도 하며, 사륜을 쇠륜으로 읽어 철륜(鐵輪)을 가리키는 것으로 보기도 한다. 금륜이 사륜으로 기재된 것은 붓으로 흘려 쓸 경우 두 글자를 혼동하기 쉽기 때문에 비롯된 와전 또는 오각(誤刻)의 사례일 뿐이지, 애초부터 사륜으로 전해졌을 가능성은 거의 없다. 이는 동륜의 동(銅)이 구리를 뜻하는 훈(訓)을 가졌음에도 구리륜(具利輪) 따위로 전해지지 않음을 통해서도 알 수 있다.

8 진흥왕 대에 신라는 한강 유역 전체를 차지하고, 가야 연맹을 소멸시켜 낙동강 서쪽 지역을 장악하였으며, 동해안으로 북진하여 현재의 함경도 남부 지역까지 밀고 올라갔다. 진흥왕의 정복 활동 결과 원래보다 3배가량 넓은 영역이 확보되었다.

9 『삼국유사』 권3, 탑상 4, 황룡사장륙조.

10 석가모니는 석가족의 모니(牟尼)라는 의미인데, 모니는 성자(聖者)를 가리키는 산스크리트어이다.

11 일각에서는 비담이 먼저 난을 일으킨 것으로 보지 않고 비담이 주재하는 귀족회의에서 차기 왕으로 남자 왕이 결정되자 이에 반발한 왕당파 김춘추와 김유신 등이 비담 등을 상대로 친위쿠데타를 일으킨 것으로 이해하기도 한다.

12 김춘추는 진덕여왕 2년(648)에 당에 사신으로 가서 당 태종의 환대를 받고, 국학을 방문하여 공자 등 유교 성현을 제사하는 석전(釋奠) 의례와 유교 경전에 대한 강론을 참관한 바 있다.

3장 연개소문과 김춘추, 국운을 바꾼 선택

1 백제와 고구려의 당항성 공격 시기에 대해 『삼국사기』 백제본기에는 643년 11월, 신라본기에는 642년 8월로 기록하고 있다. 이에 대해 642년의 백제와 신라의 전투 상황이나 신라본기 기사의 저본 자료인 『구당서』 백제전의 기사 성격으로 보아, 643년 11월의 사건으로 기록한 백제본기의 기사가 타당하다고 보는 견해가 있다.(노중국, 「7세기 신라와 백제의 관계」 『제4회 신라학 국제학술회의: 7세기 東亞世亞의 新羅(발표문)』, 2010) 필자도 이 견해가 설득력 있다고 판단한다. 특히 고구려 국내 정세 변화를 고려하면 643년일 가능성이 더욱 높다. 642년 10월에 연개소문의 정변이 일어나고, 정권을 장악한 연개소문이 같은 해에 고구려를 방문한 신라 김춘추와의 외교 협상에서 강화를 거부한 정황을 고려하면, 이후 고구려가 백제와의 연합에 적극적이었을 개연성이 높기 때문이다.

4장 문벌 사회의 빛과 그림자

1 채웅석 『고려시대의 국가와 지방사회: '본관제'의 시행과 지방지배질서』, 서울대학교출판부 2000, 21~58면.

2 이와 같은 학계의 연구 동향에 대해서는 윤경진 「고려 초기의 정치체제와 호족연합정권」, 『논쟁으로 읽는 한국사 1』, 역사비평사 2009 참고.

3 오늘날 본관은 해당 성씨가 발상한 곳, 즉 성관(姓貫)을 의미하지만 본관 제도를 처음 시행한 고려 초기에는 본적지를 의미했다. 당시 국가는 호적에 등록된 지역을 각자의 본관으로 정하여 거주지를 통제하고 신분과 역(役)을 파악했다. 고려시대에 성관과 유사한 것은 토성(土姓)이었다. ── 채웅석 「고려의 중앙집권과 지방자치, 본관제를 통한 지배」, 『역사비평』 65호 2003 참고.

4 전덕재 『한국고대사회경제사』, 태학사 2006, 417~419면.

5 채웅석 「통일신라에서 고려로의 왕조 교체를 어떻게 평가할 것인가」, 『한국사시민강좌』 40집 2007.

6 김의규 편 『고려사회의 귀족제설과 관료제론』, 지식산업사 1985; 김용선 「고려 귀족사회 성립론」, 『한국사회발전사론』, 일조각 1992; 유승원 「고려사회를 귀족사회로 보아야 할 것인가」, 『역사비평』 36호, 역사비평사 1997; 박용운 「고려는 귀족사회임을 다시 논함(上, 下)」, 『한국학보』 93·94호, 일지사 1998·1999.

7 다원성의 관점에서 고려 사회·문화의 특징을 파악한 연구로, 박종기『새로 쓴 5백년 고려사』푸른역사 2008; 박종기「고려 다원사회의 형성과 기원」,『한국중세사연구』36호, 2013 참고.

8 박종기『고려시대 부곡제연구』, 서울대학교출판부 1990.

9 노명호「고려시대의 친족제도」,『국사관논총』3, 1989.

10 김용섭「토지제도의 사적 추이」,『한국중세농업사연구』, 지식산업사 2000.

11 민현구「고려중기 삼국부흥운동의 역사적 의미」,『한국사시민강좌』5권 1989.

12 노명호『고려국가와 집단의식: 자위공동체, 삼국유민, 삼한일통, 해동천자의 천하』, 서울대학교출판문화원 2009, 31~43면.

13 변태섭「고려무반연구: 무신난 전의 무반을 중심으로」,『고려정치제도사연구』, 일조각 1971.

14 하현강「고려 의종대의 성격」,『한국중세사연구』, 일조각 1988; 하현강「무신정변은 왜 일어났는가」,『한국사시민강좌』8권, 1991.

15 채웅석「의종대 정국의 추이와 정치운영」,『역사와현실』9호, 1993.

16 채웅석「명종대 권력구조와 정치운영」,『역사와현실』17호, 1995.

5장 열린 세계 고려를 말하다

1 그 반대는 정지(immobility)나 정체(stagnation), 비밀(secret), 신념 체계의 획일성(uniformity) 고수라고 한다. 황경식「개방사회란 무엇이며 누가 그 적인가」,『개방사회의 사회윤리』, 철학과현실사 1995.

2 김대환「개방과 개혁의 비대칭」,『사회경제평론』1호, 한국사회경제학회, 1988.

3 칼 R. 포퍼『열린사회와 그 적들 I』, 이현구 옮김, 민음사 2006, 241면.

4 박종기「민족사에서 차지하는 고려의 위치」,『역사비평』45호, 1998; 박용운『고려시대사(수정증보판)』일지사, 2008; Remco E. Breuker, *Establishing a Pluralist Society in Medieval Korea, 918-1170 : History, Ideology and Identity in the Koryo Dynasty*, Brill: Leiden, 2010.

5 『고려사』권1, 태조 2년 9월 계미;『고려사』권1, 태조 6년 6월 계사.

6 박종기「고려 다원사회의 형성과 기원」,『한국중세사연구』36호, 2013.

7 『고려와 북방문화』(양사재, 2011)에 실린 김순자「고려전기의 거란(요)·금에 대한

인식」, 강병희「고려 11-12세기 불탑의 북방적 영향」, 정은우「고려 중기 불교조각에 보이는 요의 영향」, 장남원「10-12세기 고려와 요·금 도자의 교류」, 안귀숙「고려 금속공예에 보이는 요 문화의 영향」참고.

8 허흥식「선거지 선장과 동년록의 분석」,『고려의 과거제도』, 일조각 2005, 325면.

9 『신당서』권219, 발해 열전.

10 정수아『고려 중기 개혁정치와 북송신법의 수용』, 서강대학교 박사학위 논문, 1999.

11 정용숙『고려시대의 후비』, 민음사 1992, 195~196면.

12 그러한 병폐를 방지하기 위해 송에서는 대대로 벼슬하는 현상을 축소하고 하층 사인(士人)이 대거 진출할 수 있도록 제도를 정비하고 운영했으나 고려에서는 그렇게 하지 않은 것으로 보인다.

13 『고려사절요』권9, 인종 9년 3월과 8월.

14 『고려사절요』권15, 고종 12년 6월.

15 무신정권기 100년간(1170~1269년) 송상이 왕래한 것은 36회였고(이진한「무신정권기 송상 왕래」,『고려시대 송상 왕래 연구』, 경인문화사 2011, 196면), 그 이전 100년(1070~1169년) 동안에는 대략 190여 회 정도 송상이 왕래했다(이진한「송상 왕래의 유형과 송상왕래표」같은 책).

16 『고려사절요』권15, 고종 12년 12월.

17 『고려사절요』권15, 고종 6년 정월.

18 『고려사절요』권16, 고종 18년 7월.

19 『고려사』권25, 원종 원년 10월 갑인.

20 『고려사』권25, 원종 원년 2월 경자.

21 『고려사』권20, 명종 18년 5월 계축.

22 『고려사』권129, 최충헌 열전 부 최이.

23 『고려사』권123, 인후 열전.

24 『고려사』권123, 장순룡, 차신, 노영 열전.

25 『고려사』권112, 설손 열전.

26 『고려사』권85, 형법 2 노비, 충렬왕 26년 10월.

1 박종기 「총론 : 14세기의 고려사회 ─ 원 간섭기의 이해문제」, 『14세기 고려의 정치와 사회』, 민음사 1994.

2 이익주 「원의 '부마국'으로서의 고려 국가의 성격」, 『한국사시민강좌』 40집, 2007; 이익주 「고려-몽골 관계사에 대한 연구 시각의 검토: 고려몽골 관계사에 대한 공시적, 통시적 접근」, 『한국중세사연구』 27호, 2009.

3 도현철 『고려말 사대부의 정치사상연구』, 일조각 1999.

4 이익주 「14세기 후반 원·명 교체와 한반도」, 『전쟁과 동북아 국제질서』 일조각 2006.

5 이익주 「세계질서와 고려-몽골관계」, 『동아시아 국제 질서 속의 한중관계사: 제언과 모색』, 동북아역사재단 2010.

6 윤용혁 「고려시대 해양사와 해양루트」, 『한국해양사연구』 주류성 2015; 윤용혁 「고려·몽골 전쟁사의 주요 논점」, 『여몽전쟁과 강화도성 연구』, 혜안 2011.

7 노명호 「고려시대 지역 자위 공동체」, 『한국고대중세 지방제도의 제문제』 집문당 2004.

8 이익주 「고려후기 몽골침입과 민중항쟁의 성격」, 『역사비평』 24호, 1994.

9 김호동 「몽골제국의 세계정복과 지배: 거시적 시론」, 『역사학보』 217집, 2015.

10 이익주 「고려·원 관계와 고려후기 정치체제」, 서울대학교 국사학과 박사학위 논문 1996.

11 김호동 「고려의 위상」, 『몽골제국과 고려』, 서울대학교출판부 2012.

12 이익주, 앞의 논문.

13 이승한 「제2장 국가존망의 위기, 입성책동」, 『몽골과 고려③ 고려왕조의 위기 혹은 세계화시대』 푸른역사 2015.

14 김용섭 「고려국가의 몽골·원과의 관계 속 문명전환 정책」, 『동아시아 역사 속의 한국문명의 전환: 충격, 대응, 통합의 문명으로』, 지식산업사 2015.

15 이익주, 앞의 논문.

16 김형수 「고려후기 원율의 수용과 법전 편찬시도」, 『전북사학』 35호, 2009; 주채혁, 「원 만권당의 설치와 고려유자」, 『손보기박사정년기념한국사학논총』, 1988.

17 이종서 「고려후기 얼자의 지위 향상과 그 역사적 배경」, 『역사와현실』 97호, 2015; 「고려후기 상반된 질서의 공존과 그 역사적 의미」, 『한국문화』 72권, 2015.

18 김형수, 『고려후기 정책과 정치』, 지성인 2013; 이강한 「고려 충선왕의 정치개혁과 원의 영향」, 『한국문화』 43권, 2008.

19 채웅석 「원 간섭기 성리학자들의 화이관과 국가관」, 『역사와현실』 49호, 2003.

20 지두환 「묘제의 정비와 왕실 정통론의 확립」, 『조선전기의례연구』, 서울대학교출판부 1994.

21 김훈식 「여말선초의 민본사상과 명분론」, 『애산학보』 4호, 1986.

22 채웅석, 앞의 논문.

23 이익주 「원 간섭기 개혁정치의 성격」, 『한국전근대사의 주요 쟁점』, 역사비평사 2002.

24 최봉준 「14세기 고려 성리학자의 역사인식과 문명론」, 연세대학교 박사학위 논문 2014.

25 채웅석 「『제왕운기』로 본 이승휴의 국가의식과 유교관료정치론」, 『국학연구』 21권, 2012.

26 이강한 「1325년 기자사 재개의 배경 및 의미」, 『한국문화』 50권, 2010.

쟁점
한국사
전근대편

초판 1쇄 발행 / 2017년 3월 1일
초판 7쇄 발행 / 2024년 3월 26일

지은이 / 송호정 강종훈 임기환 채웅석 안병우 도현철 이정철 한명기
기획 / 한명기
펴낸이 / 염종선
책임편집 / 윤동희 최란경
조판 / 황숙화
펴낸곳 / (주)창비
등록 / 1986년 8월 5일 제85호
주소 / 10881 경기도 파주시 회동길 184
전화 / 031-955-3333
팩시밀리 / 영업 031-955-3399 편집 031-955-3400
홈페이지 / www.changbi.com
전자우편 / nonfic@changbi.com

ⓒ 송호정 강종훈 임기환 채웅석 안병우 도현철 이정철 한명기 2017
ISBN 978-89-364-8281-7 04910
　　　　978-89-364-7960-2 (세트)